OTMAR MEYER

Doppelsalto mit 75

Außergewöhnliches, Unglaubliches und Anwendbares aus dem Leben eines Freizeitsportlers

Cover- und Gesamtgestaltung: Andreas Meyer
Korrektorat: Elli Meyer, Kathrin Meyer
Satz: Andreas Meyer

Dieses Buch wurde gesetzt aus der Libre Franklin in Affinity Publisher Beta

Herstellung und Verlag: BoD – Books on Demand, Norderstedt

Bibliografische Information der Deutschen Nationalbibliothek:
Die Deutsche Nationalbibliothek verzeichnet diese Publikation in der Deutschen Natio-
nalbibliografie; detaillierte bibliografische Daten sind im Internet über http://dnb.dnb.de
abrufbar.

ISBN: 978-3-7481-9200-8

Inhalt

Vorwort

Liebe Leserinnen, liebe Leser!

Soll ich dieses Buch schreiben oder soll ich es lieber lassen? Diese Frage stellte ich mir zu Beginn meiner ersten Autorentätigkeit.

Die Aussage eines sich genervt fühlenden 16-Jährigen: „Mein Opa glaubt, mir ständig die Welt erklären zu müssen" gab mir zu denken. Eigentlich wollte ich in erster Linie meine Erfahrungen mit dem Wasserspringen jungen Anfängern näher bringen.

Das Problem: Lernten noch vor wenigen Generationen die Jungen von den Älteren, so hat sich heute infolge der rasanten Entwicklung in allen Bereichen des Lebens, vor allem durch die moderne Informationstechnologie, der Lernprozess in der Familie teilweise umgekehrt. Die Eltern lernen häufig von den Kindern. Per Smartphone und Internet haben diese doch schnellen Zugang zu allen Fragen unserer Zeit. Um überhaupt „kommunikativ" auf Augenhöhe zu bleiben, scheint mir erforderlich zu sein, dass sich Eltern und Großeltern mindestens mit dem Computer, besser noch mit „Facebook, WhatsApp & Co" befassen. Doch der augenscheinlich schnelle Zugriff der jüngeren Generation zu Fakten geht oft nicht einher mit der richtigen Einordnung und dem Erkennen von Hintergründen und Zusammenhängen. So ergibt sich manchmal oberflächliches Halbwissen, das zu Überheblichkeit führen kann. Das logische Herleiten könnte aber vieles erklären.

Auch die eigene Fitness wird oft überschätzt und dann bleibt nicht aus, dass allgemein praktische und speziell sportliche Betätigungen zu kurz kommen.

Rüstige Rentner machen es der Jugend in vielen Sportarten vor, wie man ausdauernd übt, um fit zu bleiben. Sind einige Aktivitäten der „junggebliebenen Alten" aber nicht manchmal umstritten? Wenn z. B. ein Hundertjähriger mit einem Stützgerät als GEHHILFE den Diskusring betritt, eine Neunzigjährige am Barren turnt oder wenn ein Siebzigjähriger vom 1-m-Brett einen Doppelsalto oder gar einen HAND-STAND auf einem 10-m-Turm ausführt?

Johann Wolfgang von Goethe sagte einmal: „Was nicht umstritten ist, ist auch nicht sonderlich interessant."

Ich glaube, dass der Inhalt dieses Buches durchaus auch Jugendliche interessieren könnte. Ich bin mir allerdings auch ziemlich sicher, dass das Internet aktueller ist und Fragen, z. B. zum Wasserspringen, schneller beantwortet.

Begegnungen in der Sportpraxis belegen aber auch: Für sportliche Leistungen in der Altersklasse 70+ zeigt ein Teil der Jugend zumindest Respekt und Interesse.

Allerdings sehe ich auch das realistisch. Für den Zuschauer ist der Reiz des Sports in seiner Schönheit, in der Eleganz und Vollendung der Bewegungen, also in seiner Perfektion, vor allem in der Jugend und im mittleren Alter zu finden.

Wer glaubt, sich im hohen Alter unbedingt präsentieren zu müssen, überschätzt die tatsächliche Wirkung des eigenen verblassten Könnens auf seine Mitmenschen. Eher das Außergewöhnliche oder gar das Sensationelle sind hier noch von Interesse!

Ich schreibe deshalb wohl mehr für die ältere Generation, die ja auch noch Bücher liest. Es ergibt sich möglicherweise ein Vergleich zur eigenen Leistungsfähigkeit.

Jeder Mensch im fortgeschrittenen Alter sollte sich Ziele setzen, um so lange wie möglich, sowohl körperlich als auch geistig, ein aktives Mitglied der Gesellschaft zu bleiben.

Dazu könnte ich einige Erfahrungen vermitteln. Also beginne ich mit dem Schreiben! Ich will neben meinen (für mein Alter) außergewöhnlichen sportlichen Aktivitäten meinen Kopf beschäftigen und mich geistig fit halten.

Anmerkung: Einige Gedanken könnten in diesem Buch belehrend wirken. So ist das bei Lehrern eben manchmal.

In Goethes Sinne wünsche ich Ihnen beim Lesen gute Unterhaltung.

Aken, im Februar 2019   Ihr Otmar Meyer

1. Augenscheinliches

Gehen wir den richtigen Weg?

„Was vorhaben muss man", betitelt Rolf Hochhuth seine Aphorismen. „Solange man neugierig ist, kann einem das Alter nichts anhaben", machte sich bereits Burt Lancaster zur Maxime. Das sind nützliche Ratschläge oder auch Vorgaben und allgemeine Orientierungen im fortgeschrittenen Alter, denn viele Menschen, gerade in der heutigen schnelllebigen Zeit, haben mit dem Älterwerden Probleme.

Warum tun sich viele Menschen so schwer in ihrem Bestreben, gesund und leistungsfähig zu sein, um auch im Alter Fitness von Körper und Geist zu erhalten? Wusste doch der US-Amerikaner Henry Ford im 19. Jahrhundert bereits: „Wer aufhört zu lernen, ist alt, mag er zwanzig oder achtzig Jahre zählen."

Der gesamte Lebensweg des Einzelnen ist offenbar nicht planbar. Die gesellschaftlichen Entwicklungen schon gar nicht. Dennoch ist der Mensch nicht Spielball der Umstände, in welche er hineingeboren wurde. Jedes Individuum kann einzelne, wenn auch kleine Bausteine der eigenen Entwicklung planen. Vieles im Leben ergibt sich zufällig. Für den Sport gilt das sicher auch. Die „Initialzündung" für den Beginn einer regelmäßigen sportlichen Betätigung kann ein Vorbild, eine persönliche Begegnung, ein Medienereignis, eine örtliche Tradition oder irgendein anderes einschneidendes Erlebnis sein.

Die propagierte Anti-Age-Bewegung mit all ihren Fassetten, Wegen und Irrwegen bringt in erster Linie der „Gesundheitsindustrie" etwas ein. Jugend- und Schlankheitswahn, auch Bodybuilding im Übermaß, können schnell in das Gegenteil umschlagen. Nicht selten wird krampfhaft versucht, besser zu sein als andere. Aber viel Kraft und Zeit in Selbstoptimierung zu stecken, führt meistens dazu, dass man sich möglicherweise schöner aber langfristig nicht wohler fühlt. Die Folgen des „Selbstoptimierungswahnsinns" werden meistens erst im Alter sichtbar. Vieles gäbe es zu nennen, wo der Mensch das Natürliche negiert. Aber leider ist das eine Tendenz unserer Zeit.

Paradox erscheint aber, dass der Mensch einerseits seine Gesundheit durch die systematische Abkehr vom Natürlichen aufs Spiel setzt und andererseits mit modernster Medizin wieder das zusammenflicken lässt, was vorher zerstört wurde. Auch verlangt es einerseits nach Bewegung, um gesund zu bleiben, und andererseits wird die Bequemlichkeit der Menschen durch die moderne Technik wie Autofahren, Online-Handel und jeden erdenklichen Service unterstützt. Das klingt sicher nach „Binsenweisheiten", es sind aber Tatsachen! Nur wenige denken darüber nach.

Der irische Schriftsteller Oscar Wilde stellte schon im 19. Jahrhundert fest: „Der Mensch ist vielerlei, aber vernünftig ist er nicht." Heute ist vielen von uns auch nicht bewusst, dass der Mensch – eigentlich das *vernünftigste* Wesen dieses Planeten – am unvernünftigsten handelt, indem er seinen eigenen Lebensraum zerstört.

Bestsellerautor Roger Willemsen versuchte in seinem letzten Buchprojekt die Frage zu klären: „Wer sind wir?" Er kam zu dem Schluss: „Wenn man es genau bedenkt, ist vom Anfang aller Tage an alles immer schlechter geworden. Luft und Wasser sowieso, dann die Manieren, die politischen Persönlichkeiten, der Zusammenhalt unter den Menschen, das Herrentennis und das Aroma der Tomaten."

Rückblickend fasste er zusammen: „Wir waren jene, die wussten, aber nicht verstanden, die begriffen, aber nicht vergegenwärtigen konnten, voller Information, aber ohne Erkenntnis, randvoll im Wissen, aber mager an Erfahrung. So gingen wir, nicht aufgehalten von uns selbst."

Der Einfluss der Medien

Es wäre naiv, diesen Lauf der Entwicklung der Menschheit plötzlich aufhalten zu wollen. Nachhaltigkeit im Denken und Handeln setzen sich erst allmählich oder möglicherweise gar nicht durch. Der Teufelskreis aus Geschäftemachern und Mitverdienern, Pharmaindustrie und teilweise verantwortungslosen Ärzten sowie der Verflechtung von Politik, Industriekonzernen und Banken ist im derzeitigen Gesellschaftssystem nicht zu durchbrechen.

Jetzt haben vor allem die *Medien*, die sich in die Geldmaschinerie einspannen lassen, einen nie gekannten Einfluss auf das Denken der berieselten „Massen" und damit auf das Verhalten des Einzelnen. Sie greifen ständig Probleme und Sensationen auf und bieten nur selten Lösungen. Teilweise primitive „Bespaßung" ist Ablenkung von der Realität. Das Fernsehen vermittelt Ideale, die sehr häufig für Jugendliche erstrebenswert erscheinen. Für viele sind das aber meistens zu hoch gesteckte Ziele. Trotz positiver Entwicklung glaubt mancher, er sei ein Versager. Nicht nur klares Denken und Urteilen bleiben so auf der Strecke. Falsche Vorstellungen vom Lebensziel aber auch Ziellosigkeit und ein zu geringes Anspruchsniveau führen nicht selten zu psychischen Problemen, zu Depressionen mit einhergehenden körperlichen Beschwerden.

Medienberichten zufolge ergeben sich allein in Deutschland 11 Millionen Fehltage im Jahr in der Wirtschaft durch Depressionen der Mitarbeiter. Anfang 2018 sind als Fazit des Bewegungsmangels 37 % der Frauen und 59 % der Männer *übergewichtig*. Schätzungen geben an, dass in Europa etwa 1,2 Millionen Menschen *deshalb* jährlich sterben, weil sie sich zu wenig bewegen. Inaktivität und soziale Isolation führen besonders im Alter zur vorzeitigen Gebrechlichkeit.

Der zu hohe Anteil virtueller statt realer Kontakte in der jungen Generation wird diese Tendenz in der Zukunft noch verstärken. Unser *Handykonsum* zeigt jetzt schon negative Folgen. Mehr als zwei Stunden pro Tag blicken wir auf das kleine Display. Das ist nicht nur unproduktiv, es gefährdet auch die Gesundheit.

Fitness im Alter

„Gesundheit ist nicht alles, aber alles ist nichts ohne Gesundheit." Dieser bekannte Spruch ist äußerst aussagekräftig, wenn man weiß, wie der Begriff „*Gesundheit*" zu verstehen ist. Die Weltgesundheitsorganisation (WHO) definiert

Gesundheit als „Zustand des vollständigen körperlichen, see-lischen und sozialen Wohlergehens und nicht nur das Fehlen von Krankheiten oder Gebrechen." Gesund zu altern wäre für jeden Menschen das Optimale. Doch für die Mehrheit bleibt das leider nur ein Traum. Mit dem Älterwerden steigt das *Risiko* für verschiedene Krank-heiten. Am häufigsten treten im letzten Lebensabschnitt De-menz, Herzschwäche und Nierenschwäche auf. Der frühe Be-ginn chronischer Erkrankungen kann jedoch hinausgezögert werden. Ein reales Fernziel für jeden ist demzufolge, mög-lichst viele Jahre in guter Fitness zu verbringen. Der deutsche Philosoph Friedrich Nietzsche brachte es auf den Punkt: „Auf die ewige Lebendigkeit kommt es an, nicht auf das ewige Leben."

Da man sich im Alter weniger bewegt, nimmt die Muskel-masse ab und das Körperfett zu. Selbst wenn man sein Kör-pergewicht hält, ergibt sich also eine Verschiebung in den Proportionen. Hinzu kommt: Je älter man wird, desto *stress-anfälliger* ist man. Nahezu alle Körperfunktionen bilden sich allmählich zurück, umso mehr, je weniger sie beansprucht werden. Deshalb müssen sich ältere Menschen bewegen. Sie sollen sich sogar leicht anstrengen.

Körper und Geist können sich nicht mehr so schnell auf *Veränderungen* einstellen, deshalb muss ein möglichst glei-cher Tagesrhythmus eingehalten werden. Sehr wesentlich in diesem Zusammenhang erscheint die Tatsache, dass man sich auf kommende, länger vorher bekannte Veränderungen einstellt, sich gedanklich damit befasst und so nicht plötzlich vor gravierenden Veränderungen steht, die man schwer ver-kraftet.

Einige Beispiele:

Ein junger Mann möchte mit seiner Partnerin zusammenzie-hen oder vielleicht heiraten und eine Familie gründen. Dann sollte er sich vorher darüber klar werden, was eine feste Be-ziehung bedeutet. Das Junggesellenleben kann wohl so wie vorher nicht fortgeführt werden. Mitverantwortung und Kompromissbereitschaft stehen direkt auf der Tagesord-nung. Änderungen im Freundeskreis, Wohn- oder Arbeitsumfeld usw. gilt es zu bedenken. Dieser Mensch ist jung und flexibel. Im Allgemeinen ergibt sich also kein großes Problem.

Aber: Der Beginn des *Ruhestandes* nach dem Berufsleben ist zwar meistens längerfristig vorauszusehen, wer sich jedoch nicht bereits vorher in seiner Freizeit sinnvolle Betätigungen sucht, fällt möglicherweise in ein „Loch" und weiß mit der nun vorhandenen Zeit nichts anzufangen. Ein *strukturierter Alltag* ist demzufolge besonders im Lebensabschnitt nach dem Berufsleben unabdingbar. Dazu trägt eine regelmäßige Betätigung in jedem Falle bei. Die sportliche Betätigung – möglichst in einem anregend wirkenden sozialen Umfeld – wäre am wirkungsvollsten.

Noch gravierender wirkt sich eine erforderliche Umstellung im *fortgeschrittenen* Alter aus, wenn man sich gedanklich nicht darauf vorbereitet hat. Plötzlich erkrankt jemand schwer. Man muss einfach damit rechnen, dass einem Ähnliches passieren kann, auch der besten Freundin oder dem Partner. Im Alter gibt es nun mal mehr *Unwägbarkeiten* als vorher. Einige glauben auch, das betrifft nur andere.

Wenn eine 90-Jährige sich bezüglich ihres Gesundheitszustandes äußert: „Das habe ich doch früher nicht gehabt", muss man sich schon wundern.

Ein 85-Jähriger beklagt, dass er nicht mehr laufen kann. Er hatte ein aktives und schönes Leben und erreichte ein überdurchschnittliches Alter. Man muss sich eben mit solchen Veränderungen auch *abfinden*.

So machte Manfred Krug z. B. öffentlich, als er die 60 überschritten hatte, dass er nun seinen Sex einstelle. 2012 – im Alter von 75 Jahren – sagte er in einem Interview: „Wenn du morgens mit Rückenschmerzen aufwachst, da kannst du gar nichts für – da bist du alt!"

Zum 65. Geburtstag äußerte sich „Wetten dass..?"-Moderator Wolfgang Lippert: „Lebenszeit ist ein großartiges Geschenk. Wenn man – was ich nur ungern mache – hinter sich schaut, sieht man, dass viele Menschen, mit denen man gestartet ist, schon nicht mehr da sind, oder schwer krank. Mit dem Älterwerden zu hadern wäre also sehr undankbar!"

16

Ein Umdenken ist auch für ältere, sportlich aktive Menschen erforderlich. Hier bringt für die Gesundheit sehr häufig das Weglassen einer Trainingseinheit mehr, als ihre Durchführung. Nach schlechtem Schlaf, bei leichter Erkältung oder einfach bei Unwohlsein reichen Spaziergänge an der frischen Luft, um wieder fit für das Training zu werden. Ganz wichtig: Für Ruheständler sind persönliche Ziele notwendig. Dabei ist nicht entscheidend, ob diese Ziele immer erreicht werden. Man darf auch mal höher hinaus. Scherzhaft könnte man argumentieren: „Wer alle seine Ziele im Leben erreicht, der hat diese nur zu kurz gesteckt!" Viele Menschen wagen im Alter häufig *zu wenig*. Wer kleine Einschränkungen als willkommenen Vorwand wertet, um sich generell zu *schonen*, oder wer z. B. den tiefergelegten Einstieg beim Fahrrad bereits „vorausschauend" nutzt, obwohl er noch beweglich genug ist, arbeitet der Erhaltung der Beweglichkeit entgegen.

Es geht auch anders: Ein rüstiger 92-Jähriger antwortet, nachdem er befragt wurde, wie er sich fit halte, dass er Gegenstände des täglichen Bedarfs in untere oder obere Regale legt, um sich mehrmals am Tag bücken oder strecken zu müssen. Er fordert sich also *bewusst*.

Andererseits überschätzt mancher im Alter seine Möglichkeiten und gefährdet dadurch seine Gesundheit. Hier kann gut Gewolltes ins Gegenteil umschlagen. Natürlich muss vieles im täglichen Leben dem Alter angepasst werden. Die Grenzen liegen aber meistens höher als vermutet. Man traut sich oft nur zu wenig zu. Es könnte nun der Einwand kommen: „Zu wenig hat noch nie geschadet, aber zu viel ...!"

Meinungen und Standpunkte vom richtigen *Maß der Belastung* im Alter sind so unterschiedlich wie die Menschen selbst. Was für den einen zu wenig ist, beurteilt ein anderer für sich bereits als zu viel. Der „Durchschnittsbürger" geht in Deutschland mit 60 Jahren in Rente. Der gezielte geistige und körperliche *Ausgleich* wird dann, wie bereits festgestellt, doppelt notwendig. Der Wechsel vom „Arbeits-" in den „Rentner-Modus" ist häufig kein problemloser Übergang. Einerseits muss der Alltag neu strukturiert werden, da sich der zeitliche Rahmen durch den Wegfall der beruflichen Anforderungen generell ändert, andererseits sinkt in den meisten Fällen auch die geistige und körperliche Belastung.

Dennoch: Mancher 70-Jährige ist in der Lage, wesentlich mehr zu leisten als der Durchschnitt der 50-Jährigen. Den Bogen könnte man hier noch weiter spannen: Viele Mitbürger der Altersgruppe 60 plus halten nichts vom *Ruhestand* und vollbringen Großartiges in Wirtschaft, Politik, Kultur und im Sport für sich und für die Gesellschaft.

Aber Menschen, die Außergewöhnliches geleistet haben, sterben manchmal bereits im Zenit ihrer Schaffenskraft. Sie haben sich möglicherweise überfordert, Signale ihres Körpers negiert oder mit Drogen Leistungsgrenzen verschieben wollen. Zuviel *Stress* ist häufig der Auslöser für das Versagen des Körpers. Im Nachhinein, wenn nichts mehr repariert werden kann, kommt die Einsicht, dass es im Grunde genommen nichts auf der Welt gibt, wofür man die eigene Gesundheit oder das Leben aufs Spiel setzt.

Kann man nach dieser Feststellung folgende Extremsportlerin verstehen?

Sie geht bei ihrem Extremsport bewusst ein hohes Risiko ein, indem sie sich aus mehr als 20 Metern Höhe von einer Klippe am Meer oder von einem Gerüst im Hafenbecken in die Tiefe stürzt. Sie springt nicht nur aus schwindelerregender Höhe in das Wasser, sondern führt dabei auch noch spektakuläre Drehungen aus. Wobei der geringste Fehler fatale Folgen haben kann. „Wenn ich sterbe", sagte sie in einem Interview, „kann ich mich nicht beklagen." Eine derartige Leidenschaft mit diesem Risiko bleibt natürlich die Ausnahme.

Aber auch ohne ein risikoreiches Leben werden unerklärlicher Weise einige Menschen nicht alt, obwohl sie sehr gesund leben, sich vorbildlich ernähren, ausreichend schlafen und auch sonst ausgeglichen und viel in Bewegung sind.

Andere, die beim Essen zulangten, kaum kreativ waren und vielleicht auch wenig leisteten und selten ein Wagnis eingegangen sind, erreichten ein gutes Alter.

Das sind Argumente für viele ältere Mitbürger, die *nie* Sport getrieben haben, gegen den Sport. Sie belächeln die

Aktivitäten anderer und fühlen sich ihnen teilweise sogar überlegen. Aber haben solche „Lebenskünstler" überhaupt gelebt? Ihr Leben ist vergleichbar mit dem fehlenden „Salz in der Suppe". Sie haben vielleicht auch nur Glück gehabt, dass ihnen gute Gene vererbt wurden. Der Anteil der *Gene* für ein langes Leben wird selbst in wissenschaftlichen Untersuchungen sehr unterschiedlich angegeben. Unbestritten ist aber ihr großer Einfluss. Wie wäre sonst das hier zuvor Festgestellte zu erklären?

Fragen Sie Leistungssportler oder auch einfach irgendwelche Freizeitsportler, ob sie sich ein Leben ohne Sport vorstellen könnten! In den meisten Fällen würden Sie eine verneinende Antwort erhalten.

Emotionale Höhepunkte, Freundschaften, Geselligkeit, gegenseitige Wertschätzung und Anerkennung der erbrachten Leistungen, Stärkung des Selbstbewusstseins, *Wohlbefinden* und vieles mehr möchten sie nicht missen. Ihr Leben war und ist weder langweilig, noch oberflächlich. Das gilt sowohl für die Jüngeren als auch für die junggebliebenen Alten.

Tendenzen

Das Ergebnis einer aktuellen Altersstudie, die ein Versicherungskonzern beim Allensbach-Institut für Demoskopie in Auftrag gegeben hat (veröffentlicht unter anderem in der Tageszeitung MZ vom 02.03.2017), zeigt eine sehr positive Tendenz: Nach einer Umfrage von mehr als 4 000 Männern und Frauen zwischen 65 und 85 Jahren in Deutschland sind diese heute „ungleich aktiver, optimistischer und gesünder als betagte Menschen vor 20, 30 oder 40 Jahren. Ihre allgemeine Lebenszufriedenheit liegt sogar etwas höher als in der Gesamtbevölkerung" Sie fühlen sich im Schnitt „um rund 7,5 Jahre jünger, als sie tatsächlich sind." Weiter ist zu lesen: „Noch auffälliger ist der Anstieg körperlicher Aktivitäten: 1968 bejahten nur fünf Prozent der über 65-Jährigen die Frage, ob sie zumindest gelegentlich Sport treiben. 1986 war der Anteil auf 16 Prozent gestiegen, 2005 waren es bereits 30 Prozent und 2015 sogar 44 Prozent. Ganz oben stehen

Gartenarbeit, Wandern, Schwimmen und Gymnastik." Und noch ein Trend: „Personen mit höherem sozialökonomischen Status treiben mehr Sport, fahren häufiger in den Urlaub, sind häufiger ehrenamtlich engagiert, lesen mehr Bücher, sind gesünder, bleiben länger mit dem Auto mobil, sind risikofreudiger und technisch aufgeschlossener." Im Umkehrschluss könnte das auch bedeuten: Weil sie mehr Sport treiben, risikofreudiger sind und auch sonst aktiver in Erscheinung treten, sind sie gesünder. Es ist doch „alles in Butter" könnte man nach dem Ergebnis dieser Umfrage bis hierher meinen. So einfach ist es, Menschen zu täuschen, wenn man das Negative weglässt.

Denn beunruhigend ist die Tatsache, dass immer mehr Menschen in die Altersarmut abrutschen. Die Studie lässt nichts weg, sie sagt auch aus: „47 Prozent der Älteren des untersten Einkommensviertels verbinden mit dem Alter Beschwerden und Mühen, nur 25 Prozent sehen neue Chancen. Schnelle Besserung ist nicht in Sicht".

Der Autor möchte deshalb mit seiner eigenen Geschichte einen kleinen Beitrag zur Verbesserung dieser Situation beitragen. Augenscheinlich ist der Sport ein Mittel, freilich nur *ein* Mittel, aber sicher ein geeignetes, um fit bis ins hohe Alter zu bleiben.

2. Außergewöhnliches

Wasserspringen mit Behinderung

Zunächst zu einem extremen, vielleicht auch widersinnigen oder kuriosen Beispiel.

Würden Sie, geschätzte Leserin, geschätzter Leser, jemandem, der nach einer misslungenen Ohroperation Gleichgewichtsprobleme und Orientierungsstörungen hat, raten, die Sportart *Wasserspringen* zu betreiben? – Wohl nicht! Denn es wäre außergewöhnlich, mit einer technisch anspruchsvollen Sportart zu beginnen, obwohl mehrere Handicaps der Ausübung dieser Sportart entscheidend entgegenstehen. Aber das ist noch nicht alles. Dieser „Jemand" hat nicht nur Gleichgewichts- und Orientierungsprobleme. Er sieht relativ unsportlich aus, ist mit 65 kg bei einer Körpergröße von 1,74 m eher untergewichtig als zu schwer. Er hat einen leichten Rundrücken. Die Beine sind zudem recht dünn und scheinen für hohe Sprünge nicht besonders prädestiniert. Soviel zum Äußeren.

Doch die körperliche Einschränkungen und Unzulänglichkeiten, die bereits genannt wurden, sind noch nicht die ganze Wahrheit. Diese Person ist kein Jugendlicher oder jemand im leistungsfähigen mittleren Lebensabschnitt. Dieser „Jemand" ist im Rentenalter und besitzt einen *Schwerbehindertenausweis!*

Folgende Funktionsbeeinträchtigungen wurden vom Amt für Versorgung und Soziales für die Festlegung des Grades der Behinderung u. a. festgestellt:

- Anhaltende Verdauungsstörungen bei Zöliakie

- Colitis und Pankreasinsuffizienz

- Taubheit links und Störung des Gleichgewichtsorgans

- Bewegungseinschränkung im linken Schultergelenk

- Herzdurchblutungsstörungen mit Stentversorgung.

Fachärzte schätzten diese Person folgendermaßen ein: Der *Facharzt für HNO* riet dringend davon ab, den Kopf unter Wasser zu nehmen. Beim sportlichen Schwimmen oder gar beim Tauchen würde Wasser in das geschädigte offene Ohr eindringen. Dies könnte zu Infektionen führen.

Ein *Internist* meinte scherzend nach einer Untersuchung: „Da kann man nicht viel machen, das ist ja bei Ihnen wie Läuse und Flöhe zusammen!"

Eine *Kardiologin* stellte die Frage: „Sie sind zu 60 % schwerbehindert und da wollen Sie Turmspringen machen?" Im Belastungs-EKG nach üblichen Signifikanzkriterien war anschließend keine Ischämiereaktion nachweisbar. Ferner wurde eine sehr gute Belastbarkeit von 185 Watt bescheinigt. Die Leistung entspricht 142 % der Norm für das entsprechende Alter und Körpergewicht.

Der *Sportarzt* meinte schließlich, dass Wasserspringen ja keine Ausdauersportart sei, sondern eher kurzzeitige Belastungen hervorrufen würde. Der Teilnahme an einem Wettkampf im Wasserspringen dürfte eigentlich nichts entgegenstehen. Nach einer Leistung des Patienten von 125 Watt auf dem Fahrradergometer ohne Zeichen einer koronaren Insuffizienz bescheinigte er die Tauglichkeit für das Turmspringen.

Extrem oder kurios? – Oder ist das widersinnig? – Das sind ja schöne Aussichten!

Mutige Selbsttherapie

Näheres zur besseren Einordnung der bisherigen Fakten. Mit dem Eintritt in das Rentenalter geht dieser „Jemand" regelmäßig einmal pro Woche schwimmen, sportliches Schwimmen (Brust-, Rücken- und Kraulschwimmen)!

Diese Sportart wurde bewusst gewählt, um vor allem die allgemeine Ausdauer und die Beweglichkeit zu verbessern. Die Forderung des HNO-Arztes, wegen des beschädigten linken Ohres den Kopf nicht unter Wasser zu nehmen, wurde zunächst ernst genommen. Selbst wenn man aber beim Schwimmen nicht die sportliche Variante wählt, sondern der Kopf ständig über der Wasseroberfläche ist und man darauf achtet, dass kein Wasser das Ohr berührt, ist es unvermeidbar, dass trotzdem Wasserspritzer ins Ohr gelangen. In vielen

Selbstversuchen mit wahrscheinlich ungeeigneten Mitteln konnte aber der Gehöreingang nicht völlig verschlossen werden.

Ein Hörgerätehersteller fertigte dann professionell einen Abdruck des äußeren Gehörganges und einen „sicheren" Ohrverschluss an. Es wurde betont, dass man damit schwimmen könne. Aber *Tauchen* (auch in geringster Tiefe) wäre damit nicht möglich. Nach einigen Wochen Nutzung erwies sich aber auch dieser Verschluss als nicht sonderlich hilfreich, da er sich immer häufiger lockerte und undicht wurde. Einmal ging er sogar verloren – ausgerechnet im Tiefwasserteil des Bades! Mitglieder der Wasserwacht, die anschließend trainierten, holten den Verschluss aus 4 m Tiefe wieder nach oben. Benutzt wurde er nicht wieder!

Beim Schwimmen war danach doch öfter Wasser in das Innere des Ohres gelangt. Es hatte aber keinen Schaden verursacht. Nach mehrfachem Schwimmen ohne Ohrverschluss stellte sich schließlich heraus, dass das ständige Aufsuchen des Hals-Nasen-Ohren-Arztes überflüssig geworden war. Es ergab sich ein positiver *Nebeneffekt*: Das Chlorwasser des Schwimmbeckens verursachte keine Infektion, sondern trug eher zur Desinfektion bei. Die offene Pauke – das Trommelfell des linken Ohres wurde ja durch eine misslungene OP zerstört – war zumindest für das sportliche Schwimmen kein Problem mehr.

Kontrolluntersuchungen beim HNO-Arzt in regelmäßigen, aber nun größeren Abständen, riefen bei ihm leichtes Erstaunen hervor. Mit dem Tauchen sollte man seiner Meinung nach allerdings vorsichtig sein. Der Druck auf das Innenohr erhöht sich stark, aber das ist ja auch der Fall bei einem intakten Trommelfell. Eine zusätzliche Verschlechterung der Orientierung unter Wasser sei nicht zu erwarten. Daraufhin begann dieser „Jemand" neben dem Schwimmen im Alter von mehr als 60 Jahren auch noch mit der Sportart *Wasserspringen* – nicht im Verein – im *öffentlichen Badebetrieb*, um vor allem das Gleichgewichtsempfinden zu verbessern. So ging es zum 1-m-Brett. Ziel war es, durch das Abspringen von einem federnden Brett und durch Drehbewegungen, wie sie bei einem Salto erforderlich sind, das Gleichgewichtsverhalten des Körpers zu testen. Die *Drehbewegungen* erwiesen sich jedoch als eine besondere Herausforderung. Einfache Drehungen misslangen. Von heute auf morgen war keine Verbesserung zu erwarten. Selbst nach mehreren Übungseinheiten zu jeweils 15 bis 30 Minuten war kaum an einen Erfolg zu glauben!

Um die Tragweite der *Gleichgewichtsstörung* zu begreifen, muss weiter Zurückliegendes beleuchtet werden: Bei der misslungenen Operation – ein Ärztehaftpflichtschaden vor etwa 30 Jahren – war der 8. Hirnnerv versehentlich durchtrennt worden. Das linke Ohr war damit für alle Zeit taub. Notwendig erschien die OP aus ärztlicher Sicht, weil häufige Entzündungen und ein kleines Loch im Trommelfell beseitigt werden sollten.

Noch etwa zwei Monate nach der Ohr-OP ergaben sich für den Schwerbehinderten Schwierigkeiten, mit dem Fahrrad geradeaus zu fahren. „*Der* ist wohl am frühen Morgen schon betrunken", war einige Male zu hören. Diese Tatsache verdeutlicht wohl am besten den damaligen Zustand.

Das Innenohr war beschädigt. Das beeinträchtigte nicht nur das Hörvermögen. Da im Innenohr auch der Vestibularapparat für das Gleichgewichtsempfinden zuständig ist, ergaben sich, wie bereits beschrieben, Probleme bei einfachen Bewegungen. Gravierender wirkte sich aber noch die Reaktion der Augen auf schnelle Bewegungen des Körpers, insbesondere des Kopfes, aus. Die Augen bewegten sich träger, also langsamer. Schnelle Bewegungen stießen auf ein enormes *Handicap*: Bei Erschütterungen „verschwamm" das Bild der Umwelt. Radfahren war in diesem Zustand schwerer als Autofahren.

Beim Wasserspringen sieht man mit solch einer Beeinträchtigung nach einer schnellen Drehung – wie diese z. B. für den Sprung 1½ Salto vorwärts notwendig ist – die Wasseroberfläche vor dem kopfwärts Eintauchen viel später oder gar nicht. Das *Steuern* des Eintauchens erscheint dadurch unmöglich.

Durch ein etwa zehnjähriges Training, oder weniger spektakulär ausgedrückt, ein mehr sporadisches zwei- bis drei-maliges Üben pro Monat in öffentlichen Bädern, konnten tatsächlich die Defizite im Gleichgewichtsverhalten nahezu kompensiert werden. Die Sicherheit im Alltag hat sich wesentlich verbessert. Das *Sturzrisiko* ist möglicherweise geringer als bei anderen Gleichaltrigen.

Das Handicap des mangelnden Sichtkontaktes z. B. zur Wasseroberfläche oder zum Sprungturm oder zu einem anderen Fixpunkt bei schnellen Saltos konnte aber auch durch häufiges Üben nicht völlig beseitigt werden. Beim Erlernen eines Sprunges ist aber gerade dieser Sichtkontakt eine große Hilfe für die Steuerung des Bewegungsablaufes.

Was ist unter „Steuerung" zu verstehen?

Während die *Flugbahn* des Körperschwerpunktes – eine Parabelbahn – zwar durch den Absprung in Höhe und Weite gestaltet werden kann, ist diese aber nach dem Absprung vom Sportler nicht mehr beeinflussbar. Die *Drehung* während des Fluges kann aber noch gesteuert werden. So wird eine schnelle Drehung im gehockten Zustand durch Strecken des Körpers und Ausbreiten der Arme stark verringert (jeder kennt dieses Prinzip von der Gestaltung einer Pirouette beim Eiskunstläufer).

Beim Wasserspringen gibt es je nach Größe des beim Absprung erzeugten Drehmoments und der Fallhöhe einen bestimmten Zeitpunkt, der sich als optimal für die Körperstreckung zum gelungenen Eintauchen erweist. Der Springer sieht, wann er sich strecken muss. Die Wahrnehmung der eigenen Körperlage und der Sichtkontakt zum Wasser oder zu einem festen Punkt der Umgebung helfen beim Steuern des Sprunges.

Da bei der Person mit Gleichgewichts- und Orientierungsstörungen aber ein Sichtkontakt nicht helfen konnte, waren anfangs misslungene Sprünge an der Tagesordnung. Das Steuern eines Sprunges, um einigermaßen korrekt einzutauchen, erfolgte jedoch mehr und mehr über das Zeitgefühl und über die kinästhetische Wahrnehmung der Muskelspannung. Das heißt, man „merkt sich" durch vielfache Übungssprünge den günstigsten Zeitpunkt für die erforderliche Körperstreckung. Man springt praktisch „blind".

Unser Jemand hat damit in der Praxis gezeigt: Die Grob-
form der Bewegung ist nach ausreichender Festigung des
Ablaufes durch vielfältige Wiederholungen auch ohne umfassende Orientierung erreichbar, womit folgendes möglich
ist: Ein Beobachter wird kaum einen Unterschied in der
Übungsausführung z. B. des Sprunges 1½ Salto vorwärts
zwischen dem schwerbehinderten und dem nichtbehinderten Sportler feststellen.

Das trifft aber nur für relativ einfache Sprünge zu. Bei wesentlich schwierigeren Sprüngen im Leistungssport mit bis
zu 4½ Drehungen im Kunstspringen vom Brett oder im
Turmspringen aus 10 m Höhe oder gar mit fünf Drehungen im
Extremsport High Diving oder Cliff Diving (Klippenspringen)
aus einer Höhe von 27 m ist eine umfassende Orientierung
unerlässlich.

Da der Bewegungsablauf durch vielfache Wiederholungen
– zunächst von Teilbewegungen und später der Gesamtbe-
wegung – automatisiert wird, laufen die vielen Teilbewegungen in kürzester Zeit im Unterbewusstsein ab. Der Springer
kann sich dann auf einen bestimmten Schwerpunkt der Bewegung konzentrieren.

Einfache Sprünge erfordern deshalb im Leistungssport
nur noch einen geringen Aufwand an Orientierung und be-
wusster Steuerung. Solche Sprünge könnten – zumindest
vom Turm – relativ sicher mit verbundenen Augen ausgeführt werden. Sprünge vom federnden Brett sind wesentlich
komplizierter und erfordern schon eher den Sichtkontakt zur
Umgebung.

Um einen Bewegungsablauf zu automatisieren, muss man
aber nicht unbedingt Leistungssport betreiben. Das tägliche
Leben besteht aus vielen automatisierten Abläufen. Es wäre
nicht zu bewältigen, müsste man jede kleine Aktivität bewusst lenken.

Warum aber will jemand mit Gleichgewichts- und Orientierungsstörungen gerade die Sportart Wasserspringen betreiben?

Rational betrachtet liegt ihm natürlich die Verbesserung

von Gleichgewicht und Orientierung am Herzen. Doch rationales Denken ist häufig keine ausreichende *Motivation*, um aktiv zu werden.

Es ist mehr die Herausforderung der Überwindung eines Risikos. Selbstbestätigung und Stärkung des Egos stehen sicher im Vordergrund. Das trägt zum allgemeinen Wohlbefinden bei. Mehr noch: Gerade das für kurze Zeit schwerelos „Durch-die-Luft-Fliegen" und das mehr oder weniger gekonnte Steuern des Bewegungsablaufes schaffen sowohl für den Anfänger als auch für den Fortgeschrittenen ein erhabenes Gefühl, ein Glücksgefühl, es macht einfach Spaß. Das gilt erst recht für einen bereits „Betagten" und noch mehr für jemanden mit einem Handicap. Nur wer so oder in einer anderen Form den *freien Fall* erlebt hat, kann solch ein Gefühl nachempfinden und vielleicht auch verstehen, weshalb Wasserspringen ein schönes Hobby sein kann.

Unser Jemand dieses Abschnitts mit einem Schwerbehinderten-Ausweis ist ja nur leicht „crazy", ein Hobbysportler, der nicht nur vom 1-m- oder 3-m-Brett, sondern auch vom 10-m-Turm ungeachtet von Alter und Behinderung gewagte Sprünge absolviert.

Ziel: Doppelsalto

Zum Beginn des Jahres 2017, während dieses Buch seinen Anfang nimmt, plant diese Person sogar das Erlernen eines *Doppelsaltos*. Das Alter von 74 Jahren wird dabei nicht einmal das größte Hindernis sein. Als schwerwiegender könnte sich nun das Handicap, die mangelhafte Orientierung, herausstellen.

Wer körperlich noch überdurchschnittlich fit ist, gern Grenzen austestet und das Risiko liebt, stellt sich auch solch einer Aufgabe. Denn:

1. Es ist zunächst eine Herausforderung für jeden, einen Kopfsprung auszuführen.

2. Etwas gewagter erscheint bereits das Erlernen eines Saltos.

3. Den Sprung 1½ Salto vorwärts im Rentenalter zu reaktivieren, verdient Beachtung.

4. Sich aber trotz Handicap an solch eine Aufgabe zu wagen, ist eine große Herausforderung.

5. Noch ungewöhnlich erscheint für einen Senior das Turmspringen.

6. Sich in diesem Alter noch ein höheres Ziel zu setzen, ist wohl unglaublich!

Mehrere Varianten eines Doppelsaltos stehen zur Auswahl:

Sprung 1:

Möglich erscheint der *Doppelsalto vorwärts vom 1-m-Brett*. Bei diesem Sprung taucht der Springer nach zwei kompletten Umdrehungen um die Breitenachse des Körpers logischerweise fußwärts ein. Den einfachen Salto und den Sprung 1½ Salto vorwärts beherrscht die Person bereits. Für die Ausführung eines Doppelsaltos benötigt man aber mehr Zeit. Reicht dafür auch die Sprunghöhe aus? Denn bei abnehmender Sprungkraft im Alter verringert sich die Sprunghöhe und damit die für den Bewegungsablauf zur Verfügung stehende Zeit.

Sprung 2:

Ein *Doppelsalto vorwärts* vom *3-m-Brett*.
Hier wäre die Flugzeit größer, aber selbst für Springer ohne Handicap ist das Eintauchen schwierig, weil man die Wasseroberfläche vor dem Eintauchen sehr spät sieht.

Sprung 3:

Denkbar wäre auch der Sprung *2½ Salto vorwärts* vom *3-m-Brett*, bei welchem man kopfwärts eintaucht.
Die größere Höhe könnte eventuell die geringere Sprungkraft im fortgeschrittenen Alter kompensieren. (Diesen Sprung vom 1-m-Brett ausführen zu wollen, wäre ja auch unlogisch, wenn schon für einen Doppelsalto die Sprunghöhe

möglicherweise nicht ausreicht). Für Sprung 3 ist mit Sicherheit auch eine gute Orientierung erforderlich.

Sprung 4:

Der Sprung *2½ Salto vorwärts* vom *5-m-Turm* käme ebenfalls als Ziel in Frage, da die Zeit des Fluges für einen Anfänger etwa der des Sprunges vom 3-m-Brett entspricht (bei einem Leistungssportler ist die Flugzeit vom 3-m-Brett wesentlich höher, weil er viel höher springt). Ein Sprung von der 5-m-Plattform ist aber auch bedeutend schmerzhafter beim Misslingen des Sprunges.

Sprung 5:

Schließlich ist der *Doppelsalto rückwärts* von einer *5-m-Plattform* ein möglicher Zielsprung.

Da der Umgang mit einem gut federnden Wettkampfbrett kaum geübt wurde, ist dieser Sprung von einer festen Absprungstelle scheinbar leichter als vom Brett. Zudem war der *einfache* Salto rückwärts in gehockter oder gestreckter Ausführung ein Standartsprung der Versuchsperson beim bisherigen Üben.

Die körperlichen Voraussetzungen, um die erforderliche Drehbewegung beim Doppelsalto und die anschließende Streckung vor dem Eintauchen auszuführen, scheinen vorhandenen zu sein. Angesichts des Handicaps bestehen zumindest Zweifel für das Finden des richtigen Zeitpunktes der Körperstreckung. Ob die Sprunghöhe ausreicht, wird die Praxis zeigen.

Ja, aber warum stellt sich unser Jemand überhaupt eine solche *exponierte Zielstellung*? Regelmäßiges Schwimmen und ein gelegentlicher Kopfsprung vom 1-m-Brett wären doch bereits genug, um fit zu bleiben. In diesem Alter muss man doch kein Wagnis mehr eingehen! Denn Sprünge von der 5-m-Plattform sind ja auch gefährlich und das hohe Verletzungsrisiko bei Sprüngen vom 10-m-Turm muss man wohl kaum noch erklären.

Es wurde einige Seiten zuvor schon begründet, weshalb gerade die Sportart Wasserspringen ausgewählt wurde. Für den Erhalt der *geistigen* Fähigkeiten erweist sich aber gerade das Erlernen eines neuen Sprunges als äußerst effektiv und stellt eine konkretere Aufgabe dar. Dabei ist die komplizierte Bewegungskoordination eine sehr komplexe Anforderung für das Gehirn, erfordert viel Flexibilität und Konzentration. Nur wenn eine gute allgemeine Fitness, ein Mindestmaß an Körperspannung und Mut vorhanden sind, kann man mit der erforderlichen Ausdauer im fortgeschrittenen Alter noch einen neuen Sprung erlernen.

Das extreme Ziel: Erlernen eines Doppelsaltos ist somit Motivation, weiter regelmäßig Sport zu treiben, um die Grundlagen dafür zu schaffen. Auch wenn eventuell dieses Ziel nicht erreicht werden sollte, erfüllt es damit seinen Zweck.

Technik und Fortschritt unserer Zeit in den Industriestaaten ermöglichen den meisten Menschen zumindest im Rentenalter eigentlich ein bequemes Leben. Aber nur ein bequemes Leben zu haben, ist nicht das was uns glücklich macht.

Dennoch stellt sich die Frage, ob die Ausführung eines Doppelsaltos in unserem speziellen Falle nicht doch ein zu hoch gestecktes Ziel darstellt. Mehrere ehemalige Leistungssportler sind sicher auch in diesem Alter dazu noch in der Lage. Kann das aber ein *Amateur mit Handicap*, der das leistungsfähigste Alter schon sehr lange hinter sich hat?

Ein Fingerzeig für ein eventuelles Gelingen des Versuches ergibt sich aus folgender Tatsache: Unsere „Versuchsperson" hat als Jugendlicher bereits den Sprung 2½ Salto vorwärts gehockt mehrfach von einem 3-m-Brett (aus Holz!) ausgeführt.

Was könnte nun zum Zeitpunkt der Herausgabe dieses Buches im Jahre 2019, etwa 57 Jahre nach den damaligen Versuchen, das Ergebnis sein? Ein Gelingen des Vorhabens in einem offiziellen Wettkampf wäre unter den genannten Umständen außergewöhnlich und erscheint nicht *ganz* ausgeschlossen.

Also legen wir los! Eine exakte Bewegungsvorstellung existiert schon. Dann müsste doch ein Doppelsalto eigentlich klappen! Wenn das so einfach wäre, würde man so auch in den meisten anderen Sportarten keinen langen Lernprozess benötigen. Aber natürliche *Schutzreflexe*, insbesondere bei Rückwärtsdrehungen, verhindern zunächst die Ausführung des Bewegungsablaufes. Der Körper macht einfach auf Anhieb nicht was man will. Der „Lernprozess im Kopf" reicht eben nicht aus. Es ist immer die praktische Übung erforderlich. Dazu zwei Beispiele:

Jemand möchte das *Windsurfen,* früher auch als Brettsegeln bezeichnet, erlernen. Er konnte häufig Windsurfer in ihren Aktionen beobachten. Über ein Fachbuch hat er sich ein sehr fundiertes Wissen zur Ausrüstung zur Technik und zu den Lernschritten dieser Sportart angeeignet. Dennoch wird er viele Versuche benötigen, um das Metier zu beherrschen, denn am Anfang geht man trotz aller Kenntnisse oft unfreiwillig baden. Wenn er dann nach einigen Tagen harten Übens glaubt, das kippelige Brett zu beherrschen, findet er sich bei stärkerem Wind wieder häufiger im Wasser. Erst mit weiteren Übungen kommen Sicherheit und Spaß. Dann hat man das schöne Gefühl, über das Wasser dahinzufliegen.

Im zweiten Fall geht es um einen *Skifahrer,* der mit Standartskiern mit Parallelschwüngen schwierige Abfahrten meistert. Beim Kurvenfahren hebt er aus einer leichten Hocke durch dosiertes Strecken der Beine den Körper etwas an, um danach diese Bewegung wieder abzubremsen. Dadurch verringert sich der Druck auf die Ski und diese lassen sich leichter drehen. Werden dabei die Spitzen der Ski durch eine leichte Vorlage stärker belastet, fährt man eine Kurve, wenn ein Fersenschub einsetzt. Die Ski rutschen also in die neue Richtung. Man nennt dies Hochentlastung.

Es gibt aber auch eine Tiefentlastung. Stellt man sich auf eine Waage, wird dieses Prinzip sichtbar. Im ruhigen Stand und auch bei langsamen Kniebeugen und Strecken, verändert sich der Druck auf die Waage kaum und der Zeiger zeigt unverändert das Gewicht an. Geht man aber schnell in die Hocke, wird man zunächst kurz leichter. Dieser Moment kann ebenfalls für den Ansatz einer Kurve genutzt werden. Die Hochentlastung findet häufiger Anwendung. Auch in anderen Sportarten, wie z. B. im Eiskunstlaufen und sogar beim Tanzsport werden Drehungen auf diese Weise eingeleitet. Der Skifahrer will nun auf „Carver" umsteigen. Zur Erklärung: Anfang der 90er Jahre wurden für den Freizeitsport stärker taillierte Ski entwickelt, die sogenannten Carving-Ski. Während er zuvor mit den bisherigen Ski die Kurven „anrutschte", erlauben die Carver das Anschneiden der Kurve und die Fortbewegung auf den Kanten. Damit wird der Körper unterfahren und stabilisiert. Jeder kennt dieses Prinzip vom Kurvenfahren mit dem Fahrrad. Auch beim Motorradfahren oder noch augenscheinlicher beim Eisschnelllauf in der Kurve wird dies sichtbar.

Diese neuen Ski ermöglichen eine schnellere Abfahrt und sind natürlich jetzt überall und schon lange im Skirennsport zu finden. Die neue Technik muss aber auch von einem erfahrenen Skifahrer erst in vielen Trainingsstunden in die Praxis umgesetzt werden. Das Verstehen der Technik erübrigt eben nicht das praktische Üben. Es beschleunigt jedoch den Lernprozess. Um die schnelle perfekte Abfahrt zu erreichen, ist ein umfangreiches Training unerlässlich.

Beide Beispiele verdeutlichen sicher eindrucksvoll, dass in technisch anspruchsvollen Sportarten das Lernen eines bestimmten Bewegungsablaufes immer mit vielen Wiederholungen einhergeht. Das gilt besonders für das Wasserspringen, weil hier die Zeit für die Übungsausführung begrenzt ist. Der *freie Flug* dauert zwischen ein und zwei Sekunden und beim Klippenspringen bis zu 2,8 Sekunden. Aktive Hilfeleistung oder eine Bewegungsführung, wie etwa beim Erlernen einfacher Übungen im Gerätturnen, ist im Wasserspringen höchstens bei einigen vorbereitenden Bewegungsabläufen an Land möglich.

Leistungssport mit Handicap

Viele Sportler mit einer angeborenen Unzulänglichkeit oder mit einem – z. B. durch eine Krankheit oder einen Unfall verursachten – Handicap streben aber nach sportlichen Höchstleitungen. So zeigen die Wettkämpfe der Teilnehmer der *Paralympics,* wie nahe deren Leistungen denen von Hochleistungssportlern ohne körperliche Einschränkungen kommen.

Der Leistungssportlerin Ilke Wyludda, Diskus-Olympiasiegerin von 1996 in Atlanta, wurde nach der vierten Blutvergiftung das rechte Bein amputiert, um eine Überlebenschance zu haben. Sie machte das Beste aus ihrer Situation. Diskuswerfen war zwar nicht mehr möglich, dafür startete sie bei der Para-WM im *Kugelstoßen* und gewann Bronze. „Paralympischer Sport ist eindeutig Hochleistungssport", ist ihre Meinung.

Hartwig Gauder, Jahrgang 1954, Olympiasieger 1980 in Moskau und Weltmeister 1987 in Rom in der Disziplin 50 Kilometer *Gehen* zeigte eindrucksvoll, wie mit Willen, Wissen und Trainingsfleiß selbst mit einem *Spenderherz* intensiv Sport getrieben werden kann. Bereits 18 Monate nach der Transplantation startet Gauder bei den Sportlern mit Handicap als Walker beim New-York-Marathon. Er setzte noch eins drauf und bestieg 2003 als erster Mensch mit einem transplantierten Herzen den Fuji-San, den höchsten Berg Japans.

Aufhorchen ließ auch die Leistung des vielseitigen Sportlers Markus Rehm (TSV Bayer 04 Leverkusen). Er hält den Weltrekord im *Weitsprung* im Bereich der behinderten Sportler (T44) mit 8,40 m. Bei den Deutschen Meisterschaften in der Leichtathletik 2014 in Ulm nahm er im Weitsprung mit seiner Beinprothese sogar an einem Wettkampf für Teilnehmer ohne Behinderung teil. Er wurde überraschend mit einer Weite von 8,24 m Deutscher Meister.

Im Nachhinein entstanden Diskussionen, ob er überhaupt hätte starten dürfen. Der Grund: Möglicherweise hatte er mit der federnden Unterschenkelprothese am Sprungbein sogar einen Vorteil gegenüber den nichtbehinderten Athleten.

Letztendlich wurde sein Meistertitel offiziell anerkannt. Er darf weiterhin an allgemeinen Wettkämpfen teilnehmen, jedoch mit einer getrennten Wertung von Sportlern ohne Behinderung.

Als weiteres Beispiel soll die sportliche Karriere der Sprinterin Wilma Rudolph (USA) hervorgehoben werden. Sie war in der Kindheit oft krank. Nach *Kinderlähmung* und jahrelanger Physiotherapie begann sie, in verschiedenen Bereichen intensiv Sport zu treiben und wurde schließlich in Rom 1960 dreifache Olympiasiegerin im 100-m-, 200-m- und Staffellauf.

Es gibt sicher noch viele Beispiele, wo mit Hilfe des Sports zunächst nur ein körperliches Defizit ausgeglichen werden sollte und sich daraus eine sportliche Karriere entwickelte. Aber es existieren auch Fälle, bei welchen Sportler mit einem bereits *angeborenen Handicap* im Leistungssport Spitzenleistungen erzielen. So ist z. B. Chris Otule Profi im Basketball, obwohl er auf dem linken Auge seit seiner Geburt an grünem Star leidet. Er spielte beim Bundesligisten MBC und wechselte 2016 nach Frankreich. Jetzt sieht er auf dem linken Auge gar nichts und die Sehkraft auf dem rechten Auge beträgt zudem auch nur 75 %.

Als Kind wurde der US-Amerikaner häufig gehänselt. Er lernte aber mit der Situation umzugehen. „Und irgendwann habe ich es akzeptiert. Das war das Wichtigste. Wenn du diesen Schritt nicht schaffst, versinkst du dein Leben lang in Selbstmitleid." (So seine Argumentation in einem Artikel der MZ vom 22./23.08.2015 von Daniel George). Der großgewachsene Chris Otule wollte es allen beweisen und *Basketball-Profi* werden.

Geht denn so etwas in einer Sportart, in der ein guter Überblick und zielgenaue Würfe das A und O eines guten Spielers sind? Trotz des *eingeschränkten* Sichtfeldes wurde Chris mit einer unglaublichen Einstellung nach jahrelangem harten Training ein sehr guter Basketballspieler. „Chris hat in seinem Leben einen so unbändigen Willen gezeigt, es zu schaffen. Das hat uns beeindruckt", ist vom Verein zu hören. Der Ausnahmeathlet selbst sagt, dass es um mehr geht, als um ihn: „Ich möchte Menschen, die vielleicht auch nur ein Auge oder nur einen Arm oder nur ein Bein haben, *motivieren* und ihnen zeigen, was man trotzdem alles erreichen kann. Wenn meine Geschichte andere Menschen inspiriert, ist das ein guter Grund sie zu erzählen.

3. Anwendbares

Yoga zur Entspannung

Nun ist Wasserspringen für die ältere Generation wirklich nicht die Einstiegssportart, sondern eher die absolute Ausnahme. Was allerdings in den Altersklassen 60 bis 80 in den Wettkämpfen der „Masters" noch im Schwimmen und Kunstund Turmspringen möglich ist, erfahren Sie später. Viele Publikationen heben die positiven Wirkungen allgemein körperlicher und speziell sportlicher Aktivitäten hervor. Die Einsicht in die Notwendigkeit, sich angemessen viel zu bewegen, ist ja meistens auch vorhanden. Leider stimmen Einsicht und Aktivität nicht immer überein. Das ist auch bei den Themen „Übergewicht" und „Rauchen" der Fall. Den ersten Schritt zum Sporttreiben kann man in jedem Alter tun. Anleitungen, Hilfen und Ratgeber sind nahezu in jeder Zeitschrift zu finden. Doch hier sollen einige praktische Erfahrungen vermittelt werden, die schnell umsetzbar sind. Der Sender „rbb" listete Sportarten auf, die allgemein als besonders gesund gelten. Die Reihenfolge für„das gesunde Dutzend" wurde hier so verändert, dass die für ältere Personen günstigeren Sportarten zuerst genannt werden:

1. Yoga und Entspannungsübungen

2. Aquafitness (in der Gruppe im Wasser „turnen")

3. Schwimmen

4. Walking (zügiges Gehen mit und ohne Stöcken)

5. Fahrradfahren

6. Zumba (kombiniert Aerobic mit vorwiegend lateinamerikanischen Tänzen)

7. Sauna („Schwitzstube" oder „finnisches Bad")

8. Hula Hoop (Reifen um Hüften kreisen lassen)

9. Spinning (schnelles Radfahren auf Hometrainer auch mit Musik)

10. Laufen (Jogging)

11. Ballsportarten (mit und ohne Gegnereinwirkung)

12. Crossfit (Schnellkraftbewegungen mit und ohne Hanteln)

An 4. und 5. Stelle dieser Rangliste könnten nach Meinung des Verfassers noch das Tanzen und der Kanusport eingefügt werden.

Im höheren Alter oder bei stark eingeschränkter körperlicher Leistungsfähigkeit nach einer Krankheit reicht bereits eine leichte tägliche Gymnastik aus, um allmählich wieder zu Kräften zu gelangen. Regelmäßige Spaziergänge an der frischen Luft stellen dann schon die nächste Stufe dar. Wandern – möglichst in einem sauerstoffreichen Waldgebiet – bringt noch größere Effekte für die Gesundheit und lässt sich in der Belastung sehr gut individuell dosieren.

Nahezu 10 Millionen Deutsche halten sich bundesweit in 8 300 Sportstudios fit und sorgen für Einnahmen von etwa 5 Milliarden Euro. Man muss aber nicht unbedingt im fortgeschrittenen Alter noch ein Fitnessstudio aufsuchen.

Wer mit Radfahren oder Laufen „nichts am Hut hat" oder diese Sportarten nicht ausüben kann, findet Alternativen in *Entspannungsübungen* und *Yoga*.

Rund 3 Millionen Deutsche, darunter 80 % Frauen betreiben Yoga und schwören auf die positive Wirkung des uralten Heilwissens der chinesischen Medizin. Yoga hilft beweglich zu bleiben, ist aber sicher kein Thema für Leistungssportler, sondern für Genießer.

Wer viel sitzt, läuft Gefahr, dass sich die Muskeln dieser „Zwangshaltung" anpassen und allmählich verkürzen. Bauchmuskeln erschlaffen, da sie der Schwerkraft nachgeben. „Stretching" oder Dehnen auf „Teufel komm raus" ist hier jedoch weniger angebracht. Da sich der Muskel eher zusammenzieht, um sich vor dem Zerreißen zu schützen. Nicht Power-Belastung, sondern Yin-Yoga, Pilates oder Tai-Chi schaffen Abhilfe. Neben sanften Körperübungen spielt die Atemtechnik eine gewisse Rolle. So mindert Yoga Rückenschmerzen und Gelenkbeschwerden und kann sogar Risiken von Herz- und Kreislauferkrankungen senken.

In diesem Zusammenhang gilt für alle Sportarten: Vor Dehnübungen oder generell vor irgendwelchen sportlichen Aktivitäten muss ein *Aufwärmen* erfolgen. Mit einfachen aber intensiven Übungen, wie Laufen und kurze, schnelle

Sprints oder z. B. Auch mit Hilfe von Seilspringen wird der Blutkreislauf angekurbelt und so der Körper optimal auf die Belastung vorbereitet. Dreiviertel aller Leistungssportler nutzen Dehnübungen vor oder nach dem Training oder Wettkampf. Unmittelbar vor dem Wettkampf „erarbeitet" sich der Sportler das Gefühl für die spezielle Wettkampfanlage durch das „Einschwimmen", „Einturnen", „Einspringen" usw. je nach Sportart.

Spezielle Dehnübungen werden von einigen Leistungssportlern eher nach dem Training oder Wettkampf durchgeführt, um vor dem Wettkampf die notwendige Spannung der Muskulatur nicht einzuschränken. Breiten- und Freizeitsportler nutzen das Stretching ebenfalls zum Ausklang einer Trainingseinheit zum Entspannen.

Wer ständig irgendwelchen Gedanken nachhängt und nicht abschalten kann, muss sich besonders um Entspannung bemühen. Durch *Konzentration* und Besinnung kann Stress abgebaut werden. Meditation beginnt bereits, wenn man sich bewusst auf das Ein- und Ausatmen konzentriert. Man trainiert den Geist, sich weniger ablenken zu lassen. Allein die Vorstellung beim *Autogenen Training*, dass z. B. die Arme und Beine immer schwerer werden oder die Wärme in ihnen zu spüren ist, trägt zur inneren Ruhe bei. Der Pulsschlag geht zurück und die Muskulatur entspannt sich.

Aquagymnastik und Schwimmen

Aquagymnastik oder regelmäßiges Schwimmen wären ebenfalls sehr gute Alternativen, wenn man Laufen oder Radfahren nicht so mag. Die meisten Schwimmbäder bieten Aquafitnesskurse an. Besonders für Ältere und Übergewichtige ist diese Sportart zu empfehlen. Durch den Auftrieb im Wasser wird der Körper scheinbar leichter. Die Gelenke erfahren eine Entlastung. Jede Bewegung ist aber auch infolge des Wasserwiderstandes anstrengender. In der Gruppe hat das Ganze auch noch einen hohen Spaßfaktor. Eine Stunde Aquajogging verbraucht etwa 500 Kilokalorien.

Schwimmen wird vom Autor als Sportart im Rentenalter

favorisiert. Selbst das Erlernen des Schwimmens oder das Aneignen einer weiteren Schwimmart ist im höheren Alter noch möglich.

Das Beherrschen des Schwimmens kann ja unter Umständen lebensrettend sein. Deutschlandweit ertrinken jährlich immerhin etwa 500 Menschen. In den alten Kulturvölkern galt das Schwimmen sogar als eine der wichtigsten Fertigkeiten des Menschen. Bei den Griechen zeigte sich im Altertum der Kulturbezug zum Schwimmen in einem Schimpfwort: „Er konnte weder lesen noch schwimmen."

In etwa 2 200 Vereinen – mit über 600 000 Mitgliedern – kann man im Deutschen Schwimm-Verband e. V. (DSV) unter fachkundiger Anleitung die Sportart Schwimmen ausüben und an Wettkämpfen in allen Altersklassen teilnehmen. Nebenbei: Diesem Verband gehören die fünf olympischen Sportarten Schwimmen, Wasserspringen, Synchronschwimmen, Wasserball und Freiwasserschwimmen an. Seit den Weltmeisterschaften 2013 in Barcelona ist auch das Klippenspringen im DSV integriert.

Vorab einige Gedanken zu den Leistungszielen im Kinder- oder Jugendalter:

Jeder kann ein guter Schwimmer werden, aber nicht jeder kann ein sehr guter, ein Weltklasse-Schwimmer werden. Die körperlichen Voraussetzungen spielen dabei eine entscheidende Rolle.

Zwei extreme Beispiele zu den Voraussetzungen: Mit Füßen, die 40 oder gar 50 Grad von der vollkommenen Streckung abweichen, schwimmt man eher rückwärts als vorwärts, da beim Auf- und Abwärtsbewegen der Beine während des Kraul- oder Rückenschwimmens kaum Vortrieb erzeugt wird. Dieses Handicap kann jedoch durch gezielte Dehnübungen besonders im Jugendalter abgeschwächt werden. Wer sehr große Hände besitzt, hat hingegen gegenüber Schwimmern mit „normalen Händen" augenscheinlich einen Vorteil.

Wesentlicher erscheint aber, dass ein kleiner, gedrungener Typ einfach nicht die notwendigen Voraussetzungen für Höchstleistungen im Schwimmen hat. Wenn dieser meint, er geht schwimmen, um eine solche Figur zu bekommen wie der Weltmeister, nützen auch Ehrgeiz und Fleiß nichts. Da hat er einfach falsch gedacht. Sein Vorbild ist deshalb im Schwimmen so schnell, weil er von vornherein gute Voraussetzungen bezüglich des Körperbaus und der Größe mitbringt und sich zudem durch extremen Fleiß und Ehrgeiz gegenüber anderen Schwimmern durchsetzt.

So ist das in vielen Sportarten. Bei dem heutigen Leistungsniveau im Spitzensport hat fast nur der mit den für die Sportart notwendigen außergewöhnlichen körperlichen und geistigen Eigenschaften echte Chancen, ganz vorne zu landen.

Einige Fußballvereine haben neben vielen anderen Bedingungen so großen Erfolg, weil sie junge, talentierte Spieler in ihrem Kader aufnehmen, die sehr schnell sind und im 30-m-Sprint eine bestimmte Zeit erreichen.

Das scheinen leider manche Eltern zu übersehen, die aus ihrem Sprössling einen Olympiateilnehmer oder Bundesligaspieler machen möchten!

Das gilt für den Hochleistungssport. Für die sportliche Betätigung von „Jedermann" mit dem Ziel gesund und fit zu bleiben, sind solche Voraussetzungen sowohl für junge Menschen als auch für Senioren unerheblich.

Mit den Hinweisen eines Trainers in einem Verein zur Verbesserung der Technik des Schwimmens und mit den notwendigen Trainingsumfängen kann daher nahezu jeder – auch im fortgeschrittenen Alter – mindestens ein guter Schwimmer werden. Um regelmäßig zu schwimmen, muss man aber nicht unbedingt Mitglied in einem Verein sein. Hier sind einige Hinweise, wie man im fortgeschrittenen Alter selbstständig üben kann.

Aber zunächst: Was bewirkt das Medium Wasser? Es ist vor allem der Auftrieb, der den Stütz- und Bewegungsapparat des menschlichen Körpers entlastet und damit schonend ein Training des Herz-Kreislauf-Systems ermöglicht. Der Körper „verliert" im Wasser genau soviel von seinem Gewicht, wie die verdrängte Wassermasse wiegt. Es wirkt das archimedische Gesetz vom Auftrieb. Beim Einatmen vergrö-

41

ßert sich das Körpervolumen und der Schwimmer wiegt im Wasser fast nichts mehr. Ausgeatmet erhöht sich praktisch die Dichte des menschlichen Körpers auf etwa 1,12 kp/dm^3 gegenüber 0,96 kp/dm^3 mit Atemluft. Im Wasser wird man also mit dem Ausatmen schwerer und mit dem Einatmen leichter.

Erhöht sich hingegen die Dichte des Wassers, wiegt die verdrängte Wassermenge mehr und der Schwimmer wird noch leichter. Deshalb trägt salzhaltiges Wasser besser. Im Toten Meer mit mehr als 20 % Salzgehalt kann man deshalb nicht untergehen – wohl aber ertrinken.

Um sich im Wasser fortzubewegen, nutzt der Schwimmer die Trägheits- oder Gegenkraft des Wassers aus, indem er sich schnell abstößt. Je schneller er sich abstößt, umso mehr Gegenkraft für das Abstoßen findet er. Bewegt er Arme und Beine nur halb so schnell, so sinkt der Trägheitswiderstand des Wassers auf ein Viertel. Soviel zu den physikalischen Gesetzen.

Warum eignet sich diese Sportart besonders gut für Senioren, die gesund bleiben wollen und ein hohes Maß an Leistungsfähigkeit erzielen möchten?

Beim regelmäßigen Schwimmtraining werden in wenigen Wochen und Monaten positive Anpassungserscheinungen festgestellt. Die Herztätigkeit verläuft zunehmend ökonomischer. Der Pulsschlag in Ruhe wird niedriger und das Herz arbeitet im Schongang. Der Anteil der roten Blutkörperchen, die für den Sauerstofftransport verantwortlich zeichnen, erhöht sich. Die Atmung wird vertieft, die Verdauung angekurbelt usw. Leicht erhöhter Blutdruck kann sogar stabilisiert werden. Der Sporttreibende verfügt somit über mehr Energiereserven. Allerdings sollte man dann, wenn man sich für das Schwimmen entscheidet, mindestens zwei Schwimmarten so erlernen, dass ein „sportliches" Schwimmen angestrebt wird.

Beim Brustschwimmen darf der Kopf nicht in den Nacken genommen werden, weil dadurch ein Hohlkreuz gebildet wird. Verkrampfungen von Nacken und Rücken wären die Folge. Außerdem erreicht man so wenig Vortrieb, weil der

Körper schräg im Wasser „hängt". In der Gleitphase sollte der Körper nahezu waagerecht liegen und der Kopf sich in Verlängerung der Wirbelsäule zwischen den ausgestreckten Amen befinden. Dabei erfolgt die Ausatmung in das Wasser. Mit Beginn des Armzuges wird der Kopf leicht angehoben und eingeatmet. Der folgende symmetrische Beinschlag, vergleichbar mit der Beinbewegung eines Frosches, bringt den Körper wieder in die Gleitlage mit dem Vorschieben der Arme und dem wiederholten Ausatmen.

Sehr günstig für ältere Personen ist das Rückenschwimmen. Hier ist die Atmung am einfachsten. Der Kopf wird ständig über Wasser – leicht zur Brust geneigt – fast gerade gehalten. Mit dem Wechsel des Armzuges erfolgt jeweils das Ein- und Ausatmen. Die Armrückführung möglichst nahe am Kopf fördert zudem die Beweglichkeit in den Schultergelenken. Vorteilhaft für die Kräftigung der Rumpfmuskulatur ist außerdem das notwendige ständige Anheben des Beckens, um eine gute Lage im Wasser zu erreichen. Eine leichte Rotation des Körpers beim „Wasserfassen" erhöht die Wirkung des Armzuges.

Das Kraulschwimmen, als schnellste Schwimmart, stellt höhere Anforderungen an die Koordination der Bewegungen und Atmung.

Wer seine Technik und sein Training in den genannten Schwimmarten schnell auf ein höheres Niveau bringen möchte, erhält in vielen Fachbüchern hervorragende Hinweise und Anschauung.

Das Schmetterlingsschwimmen ist im fortgeschrittenen Alter nur etwas für „Profis" und sollte im Rentenalter nicht mehr begonnen werden.

Wie schnell und wie lange kann man schwimmen bzw. sollte man schwimmen?

Es ist schwierig hier allgemeingültige Regeln aufstellen zu wollen. Eher kann etwas zur Dauer und zur Streckenlänge beim Schwimmen empfohlen werden.

Ziel sollte es sein, zwei- bis dreimal pro Woche jeweils mindestens eine halbe Stunde ohne Pause zügig zu schwimmen. Für Frauen und Männer gleicher Altersgruppen bestehen hier kaum Unterschiede. Frauen haben sogar manchmal Vorteile, weil sie infolge des höheren Körperfettanteils eine bessere Wasserlage besitzen und dadurch die etwas geringere Kraftausdauer gegenüber den Männern kompensieren.

Wer in einem 50-m-Becken in 30 Minuten 20 Bahnen oder im 25-m-Becken 40 Bahnen, also 1 000 m schwimmt, hat schon eine gute Kondition. Denn immerhin bedeutet das, jeweils 100 m in 3 Minuten zu schwimmen. Für die Mehrheit der „Gesundheitsschwimmer" wäre jedoch anzuraten, das Schwimmtempo so zu gestalten, dass der Puls 130 Schläge pro Minute nicht übersteigt. Das würde bedeuten, z. B. nur 600 m in einer halben Stunde mit der durchschnittlichen 100-m-Zeit von 5 Minuten zu absolvieren. Oder, was für die Ausdauer noch günstiger wäre, sich für die 1000-m-Strecke 40 bis 50 Minuten Zeit zu lassen.

Besser noch: Schwimmen Sie einfach ein Tempo Ihrer Wahl ohne festgelegte Strecken, Zeiten und persönliche Rekorde. Ziel könnte lediglich die Verlängerung der Schwimmzeit sein. Hauptsache: Sie fühlen sich dabei wohl und danach noch besser!

Um zu verdeutlichen, wozu Menschen im Schwimmen in den verschiedenen Altersgruppen in der Lage sind, könnte man z. B. die 100-m-Zeiten miteinander vergleichen. Interessanter erscheinen jedoch folgende Beispiele:

Das knapp 2 Jahre alte Mädchen Kiara aus Malaysia schwamm 2016 die 200 m in 25 Minuten und 38 Sekunden. Das war in ihrer Altersklasse Rekord im Ausdauerschwimmen (Anmerkung: Die Mutter war früher Leistungsschwimmerin).

Ein 73-jähriger Japaner durchschwamm 2016 die 19,5 km breite Tsugaru-Straße zwischen den japanischen Inseln Hokkaido und Honshu in knapp 10 Stunden. Er war damit der älteste Schwimmer, der diese schwierige Passage bezwang. 20 km in 10 Stunden würden auch viele andere Schwimmer der Welt im fortgeschrittenen Alter schaffen. Da ihn die Strömung abtrieb, musste der Japaner jedoch 38 Kilometer schwimmen und sich noch vieler Quallen erwehren.

Einen denkwürdigen Rekord stellte eine Frau auf, die

ebenfalls aus Japan kam. Mieko war im April 2015 bereits 100 Jahre alt, als sie für 1 500 m genau 1 Stunde, 15 Minuten und 54 Sekunden benötigte! Dieses Tempo mit der durchschnittlichen 100-m-Zeit von etwa 5 Minuten, das in diesem Buch zuvor als Empfehlung für Anfänger gegeben wurde, würden Sie, verehrte Leserin und verehrter Leser natürlich bewältigen. Aber würden Sie auch so lange durchhalten?

Von den extremen nun zu eher realen Beispielen: Franz, Jahrgang 1937 (aus dem Heimatkreis des Autors) ist Spezialist im Rückenschwimmen. Die Bestzeit aus seiner Jugend in seiner Paradedisziplin, dem 100-m-Rückenschwimmen, lag bei 1:07 Minuten. Nach 35 Jahren Übungsleitertätigkeit nimmt er seit 1996 aktiv an Schwimmwettbewerben der Masters teil. Wie weit würde die Zeit, die er heute noch schwimmt, von dieser Zeit entfernt liegen?

Er hat sich gründlich auf jeden Wettkampf vorbereitet. Dazu gehört ein zwei- bis dreimaliges Training pro Woche. Zudem gab ihm ein Ernährungswissenschaftler der Sporthochschule Köln einige Tipps zur Ernährung von Leistungssportlern in Ausdauersportarten: Regelmäßiges Trinken von Rote-Beete-Saft ab der 4. Woche vor dem Wettkampf zur Blutverdünnung und Essen einiger Riegel Schokolade als Energiespender eine halbe Stunde unmittelbar vor dem Wettkampf sowie Einnahme von etwas Zimt zur Sauerstoffanreicherung in der Lunge.

So startete er bei den Weltmeisterschaften der Masters im Schwimmen 2017 in Budapest für den Köthener Sport Verein (KSV) 2009. Er kam in der Altersklasse 80 auf drei Strecken in das Finale, für welches sich jeweils 12 bis 18 Schwimmer in seiner Altersklasse bewarben. Damit hatte er schon sein Ziel erreicht. Im 100-m-Rückenschwimmen erkämpfte er eine Zeit von 1:53,94 Minuten und damit einen fünften Platz. Nach mehr als 170 Wettkämpfen und zwei Bronzemedaillen bei Deutschen Meisterschaften der Masters konnte er nun bei einer Weltmeisterschaft an der Siegerehrung teilnehmen. Er bekam eine Medaille, eine der Erinnerungsmedaillen, die jeweils für die Plätze 4, 5 und 6 vergeben wurden. Ein Schwede gewann auf dieser Strecke in einer

Zeit von 1:38,88 Minuten die Goldmedaille. Die erreichten Zeiten verdeutlichen eindrucksvoll, welche Leistungen auch im hohen Lebensalter noch möglich sind.

Will man eine Vorstellung von der Geschwindigkeit erhalten, mit welcher sich die schnellsten Schwimmer der Welt im Wasser bewegen, könnte man versuchen, am Beckenrand mitzugehen. 4 bis 5 Kilometer bewältigt man beim normalen Gehen in einer Stunde. Mit einer Geschwindigkeit von etwa 6 km/h sind sehr gute Schwimmer auf der 1 500-m-Strecke unterwegs. Das könnte man im zügigen Gehen gerade noch schaffen.

Auf kürzeren Distanzen wird das schon schwieriger. Paul Biedermann aus Halle/Saale war der erste Mensch, der die 200 m Freistil unter 1:40 Minuten schwamm (WR in 1:39,37 min auf der 25-m-Kurzbahn am 15.11.2009 in Berlin). Zuvor bewältigte er am 28.07.2009 in Rom auf der üblichen 50-m-Bahn die 200 m Freistil in der Weltrekordzeit von 1:42,00 Minuten. Das entspricht einer durchschnittlichen Geschwindigkeit von etwa 7 km/h. Hier würde man im Gehen kaum mithalten.

Der schnellste Schwimmer bei den Weltmeisterschaften 2017 in Budapest erreichte über 50 m Freistil eine Zeit von 20,26 Sekunden. Mitgehen – kaum möglich! Das bedeutet, hier müsste schon ein im Gehen geübter Sportler eine Geschwindigkeit von knapp 9 km/h aufbringen.

Zum Vergleich: Im Wettkampf erreicht ein sehr guter Geher im Leistungssportbereich auf der 50-km-Strecke eine Zeit um 3:40 Stunden und damit eine durchschnittliche Geschwindigkeit von rund 13,6 km/h. Die schnellsten Marathonläufer sind mit etwa 20 km/h und 10,0-Sprinter auf der 100-m-Strecke mit 36 km/h als Durchschnittsgeschwindigkeit unterwegs.

Tanzen fordert auch den Geist

Wie bereits angedeutet, ist das regelmäßige Tanzen für Senioren eine gute Möglichkeit, um gesund zu bleiben. Beim Tanzen ist neben der Bewegung vielmehr die Kombination mehrerer Komponenten wirkungsvoll. Denn es geht im Seniorenbereich nicht nur darum, körperlich fit zu bleiben, sondern auch in geeigneter Weise, den Geist anzustrengen. Denn die Zahl der an Demenz Erkrankten steigt von Jahr zu Jahr. Mit dem Tanzen kann man auch im Kopf „beweglicher" bleiben. Einerseits erfordert es eine gute Bewegungskoordination. Gleichzeitig sollten die Bewegungen im Takt der Musik erfolgen. Dabei ist außerdem der Gleichgewichtssinn bei Drehungen – besonders in wechselnden Richtungen – gefordert. Wenn man dann bei ausreichend vorhandenem Platz sich noch etwas sportlicher mit größeren Schritten und schnelleren Drehungen bewegt, muss man auch noch darauf achten, dass man möglichst andere Paare nicht anstößt. Das ist schon eine echte Herausforderung, da sich die Bedingungen ständig ändern und dies eine komplexe Gehirnleistung erfordert. Bei Tanzveranstaltungen geht es nicht nur um Bewegung, es werden auch gleichzeitig soziale Kontakte geknüpft. Mit dem Spaß bemerkt man kaum die Belastung.

Entspannung beim Kanu-Wandern

Neben dem Tanzen könnte auch das „Paddeln", das zum Kanusport innerhalb des Wasserfahrsports gehört, sehr gut genutzt werden. Und zwar für die Fitness der älteren Generation. Und nicht nur für die ältere Generation! Gemeint ist nicht der Kanurennsport, sondern das Kanufahren z. B. in Form des „Kanu-Wanderns". Vorwiegend wird dazu ein Kajak als „Einer" oder als „Zweier" verwendet. Während in dieser Bootsklasse ein Doppelpaddel genutzt wird, kommt beim Kanadier ein Stechpaddel zum Einsatz. Im Rennsport kniet der Athlet mit einem Bein dabei im Boot. Das Wasserwandern mit einem Kanadier erfolgt hingegen im Sitzen.

Warum sollten Senioren, die vielleicht an einem See oder an einem Fluss wohnen, diese guten Voraussetzungen nicht nutzen? Vergleicht man die beiden völlig entgegen gesetzten Bereiche, den zuvor genannten Tanzsport und den Kanusport, wird offensichtlich, dass beim Tanzen vorrangig die

Beine, wogegen beim Kanusport besonders die Arme beansprucht werden. Man könnte sagen: „Tanzen ist *Träumen* mit den Beinen" und die sanften Bewegungen des „Wanderns" mit einem Kanu das „Yoga unter den Wasserfahrsportarten". Schaut man genauer hin, wird man feststellen, dass in beiden Disziplinen aber auch der „Kopf"sowie der Rumpf und andere Muskelgruppen beansprucht werden. Der Vergleich mit dem Yoga möchte etwas „hinken", doch beim Dahingleiten mit dem Boot auf dem Wasser durch die schöne Natur kann man hervorragend abschalten und entspannen. Die Landschaft fliegt an einem nicht vorüber, wie bei den meisten Fortbewegungsarten, sondern man kann sie bewusst wahrnehmen und genießen.

Besonders viele Seen sowohl in Norddeutschland wie auch in Süddeutschland bieten Natur pur. Aber auch die Mitte Deutschlands kommt nicht zu kurz. Im Gegenteil! Sehr attraktiv ist der naturbelassene Teil der mittleren Elbe. Man durchquert ein Biosphärenreservat mit vielen Sehenswürdigkeiten. Dabei handelt es sich nicht um irgendein Naturschutzgebiet. Es befindet sich im Urstromtal der Elbe. Das Biosphärenreservat Mittelelbe ist der größte zusammenhängende Auenwaldkomplex Mitteleuropas. Dieser Abschnitt eignet sich nicht nur für Fahrten mit dem Kanu auf der Elbe sondern auch für ausgedehnte Wanderungen durch herrliche Waldgebiete und zum Radfahren auf dem Elberadweg, der häufig direkt am Fluss entlang führt.

In diesen Gebieten, am Kilometer 275 der Elbe, befindet sich in der Nähe von Dessau-Roßlau die Stadt Aken, die in Kreuzworträtseln oft gefragte Schifferstadt an der Elbe. Auf jeder Karte, auf welcher der gesamte Elbverlauf eingezeichnet ist, findet man ohne langes Suchen sofort dieses Städtchen. Auch wenn der Name nicht eingetragen ist, ergibt sich ein markanter Punkt. Ein Reim besagt: „Wo die Elbe schlägt einen Haken, da liegt Aken".

Zur Erklärung: Großräumig betrachtet fließt die Elbe aus dem Südosten in nordwestliche Richtung und bei Hamburg in die Nordsee. Aber ab Wittenberg fließt die Elbe (auf der Karte verläuft sie auf diesem Abschnitt nahezu waagerecht) über

Dessau-Roßlau in Richtung West. Die ausgeprägte, enge Schleife, die die Elbe bei Dessau in südliche Richtung macht, um die Stadt Dessau zu „berühren", muss man aber außer acht lassen, da sie in Karten mit einem großen Maßstab ohnehin nicht eingezeichnet ist. Die Elbe fließt also in westliche Richtung bis Aken, wo sie den besagten Haken schlägt. Anders ausgedrückt, sie macht einen Bogen, um sich wieder in Richtung Nord-West zu bewegen.

Feinsandige Ufersäume zwischen den Buhnen nutzen einige Einheimische, aber auch Wanderer, Kanuten, Ruderer, Motorwassersportler und Segler oder Radfahrer für ein Sonnenbad. Tollkühne werden sogar zum Schwimmen animiert. Aber Vorsicht! Das schwimmen in fließenden Gewässern ist wegen der Strudelbildung gefährlich!

Die Wasserqualität der Elbe ist zur Zeit so gut, dass sich wieder ein sehr artenreicher Fischbestand in der Elbe entwickeln konnte. Vom Kanu aus kann man durchaus Biber beobachten oder man begegnet zufällig einem Schwarzstorch oder dem Großen Brachvogel. Viele Wasser- und Kleinvogelarten sind immer zu sehen.

Noch ein Argument, das für das Paddeln oder Kanu-Wandern spricht: Man kann diesen Sport alleine ausführen oder gemeinsam mit einer Partnerin oder einem Partner oder in einer größeren Gruppe, je nach Neigung.

Für die Technik beim Paddeln ist wichtig, dass das Doppelpaddel etwas breiter als schulterbreit mit den Händen erfasst wird, um mit dem Arm auf der Seite des möglichst weit nach vorn eingetauchten Paddels kräftig ziehen zu können und gleichzeitig mit dem in Schulterhöhe befindlichen anderen Arm einen Druck nach vorn auszuüben. Im rhythmischen Wechsel und – falls man mit einer Partnerin oder einem Partner in einem „Zweier" sitzt – im Gleichklang der Bewegungen, erreicht man einen guten Vortrieb. Diese Bewegung wird durch ein Drehen des Rumpfes unterstützt. Bei den Rennkanuten leistet der Rumpf infolge der Rotation sogar die Hauptkraft für die schnelle Fortbewegung. Da der Wechsel des Eintauchens, Ziehens und gleichzeitigen Drückens des Doppelpaddels so schnell erfolgt, ist ein Beugen und Strecken der Arme fast gar nicht mehr möglich. Es erübrigt sich sogar, denn es ist effektiver, wenn die Arme fast die ganze Zeit nahezu gestreckt bleiben. Beim zügigen Paddeln kann auch der Kanu-Wanderer diese Technik anstreben.

Nordic Walking und Laufen

Am intensivsten für die körperliche Fitness ist aber immer noch das *Laufen*, weil es schon in Ur-Zeiten die wichtigste Fortbewegung war, aber heute zum großen Teil durch moderne Fortbewegungsmittel ersetzt wird.

Ausdauerläufe erweisen sich deshalb als sehr wirkungsvoll, eignen sich im Rentenalter aber eher für „sportlich Vorbelastete". Darüber hinaus sind sie an bestimmte Voraussetzungen wie richtige Lauftechnik, Kleidung für jedes Wetter und an gutes Schuhwerk gebunden.

Selbst ein geringes Lauftempo über längere Strecken erscheint für Untrainierte im fortgeschrittenen Lebensalter weniger empfehlenswert, weil die Knie- und Hüftgelenke stark belastet werden.

Zügiges Gehen, *Nordic Walking* mit und ohne Stöcken, eignet sich deshalb eher für Senioren, da diese Betätigung eine geringere Belastung mit sich bringt.

Wer dennoch das Laufen vorzieht, weil es eben effektiver ist, sollte das Training mit schnellem Gehen anfangen und die Belastung sehr behutsam steigern.

Im Internet werden fast 4 000 Bücher angeboten, wenn man den Suchbegriff „Laufen" eingibt. Es wäre müßig, hier noch ein weiteres Kapitel hinzuzufügen.

Nur soviel: Wichtig ist, nicht plattfüßig zu laufen. Auch der reine Ballenlauf ist zu vermeiden. Am günstigsten läuft man, indem man über den gesamten Fuß abrollt.

Das Laufen erfordert – zumindest in der Anfangsphase – eine gehörige Portion an Motivation, ehe sich dieser Sport nach einigen Monaten zu einem Bedürfnis entwickelt und sich durch die Ausschüttung von Endorphinen ein Glücksgefühl einstellt.

Böse Zungen behaupten ja, wer regelmäßig joggt gewinnt mehr Lebenszeit, aber die verbringt er dann halt mit Joggen.

Mit dem Rad durch die Natur

Radfahren ist wesentlich schonender für die Gelenke und deshalb auch gut geeignet für schwergewichtigere Personen. Kürzere Strecken zum Einkaufen oder zur Arbeit sollten deshalb mit dem Fahrrad zurückgelegt werden. Doch um einen Effekt wie beim Joggen zu erreichen, muss man schon etwa die doppelte Zeit aufbringen. Wer glaubt, zweimal pro Woche eine kurze Strecke mit dem Fahrrad zu fahren reicht, um einen gesundheitlichen Nutzen zu haben oder gar um abzunehmen, irrt. Damit hat er möglicherweise nur seinen Appetit gestärkt. Schön – etwas bewegen ist besser als gar nicht. Würde man aber mehrmals pro Woche eine halbe bis eine Stunde mit dem Fahrrad fahren, benötigt man nicht unbedingt eine weitere Sportart.

Wenn man längere Strecken mit dem Fahrrad zurücklegt, sollte man jedoch einiges beachten: Wichtig sind die Sattelhöhe und die Sitzposition. Der Sattel muss waagerecht sein und so hoch eingestellt werden, dass die Beine im unteren Punkt der Drehbewegung der Pedale nicht vollkommen gestreckt werden müssen. Beim Test der richtigen Höhe setzt man in dieser Position die Ferse auf das Pedal. Das Bein muss dann noch leicht gebeugt sein. Beim Fahren drücken die Füße nicht mit dem Fußgewölbe auf die Pedalen, sondern mit dem Vorderfuß und dem Fußballen.

Die Sitzposition wird dann durch die Höhe der Lenkstange bestimmt. Der Oberkörper sollte etwas weniger als 45 Grad nach vorn gebeugt werden. Die Arme sind dabei leicht angewinkelt, um besser kleine Stöße abzufangen. Die Handgelenke sollten aber gestreckt sein.

Die Gangschaltung ermöglicht eine gute Dosierung der Belastung. Eine höhere Trittfrequenz bei niedrigerem Gang ist effektiver für eine längere Strecke, weil die Muskeln nicht so schnell ermüden. Eine Geschwindigkeit von etwa 15 km/h erscheint für den Hobbyradler angemessen. In der Natur zu radeln, ergibt einen doppelten Effekt. Einerseits wird das Herz-Kreislauf-System angekurbelt und andererseits schenkt es Freude und baut damit Stress ab. Radfahren wirkt so wie ein Kurzurlaub.

Radfahren in der Natur wäre sicher das Optimale. Schwieriger ist für ältere Personen das Fahren innerhalb von Städten. Nicht immer kann man sichere Radwege nutzen. Besonders Richtungswechsel bedeuten Gefahren. Viele Radfahrer unterliegen dem Irrtum, beim Linksabbiegen reiche es, mit dem linken Arm die Richtungsänderung anzuzeigen. Sie glauben, sie hätten dann freie Fahrt. Oder sie erzwingen, ohne den nachfolgenden Verkehr zu beachten, die Vorfahrt. So passieren schwere Unfälle.

Ein Autofahrer blickt beim Spurwechsel oder beim Linksabbiegen in den Seiten- und Rückspiegel. Er beachtet den nachfolgenden Verkehr. Das sollte aber auch der Radfahrer in jedem Falle tun! Wer aber ist mit 75 Jahren noch in der Lage, sich während des Radfahrens nach hinten umzuschauen?

Ein Umdrehen im jüngeren Alter ist kein Problem, wenn man kurz mit einer Hand fährt, die Schulter zurücknimmt und über die Schulter nach hinten schaut. Das sollte man sich im Alter so lange wie möglich erhalten. Es erfordert viel Übung, gewährleistet aber vor dem Abbiegen Sicherheit. Die allgemeine Fitness entscheidet, ob ich mir das zutraue oder nicht. Bevor ich aber blindlings abbiege, sollte ich lieber kurz absteigen und die Situation richtig beurteilen.

4. Meine Kindheit

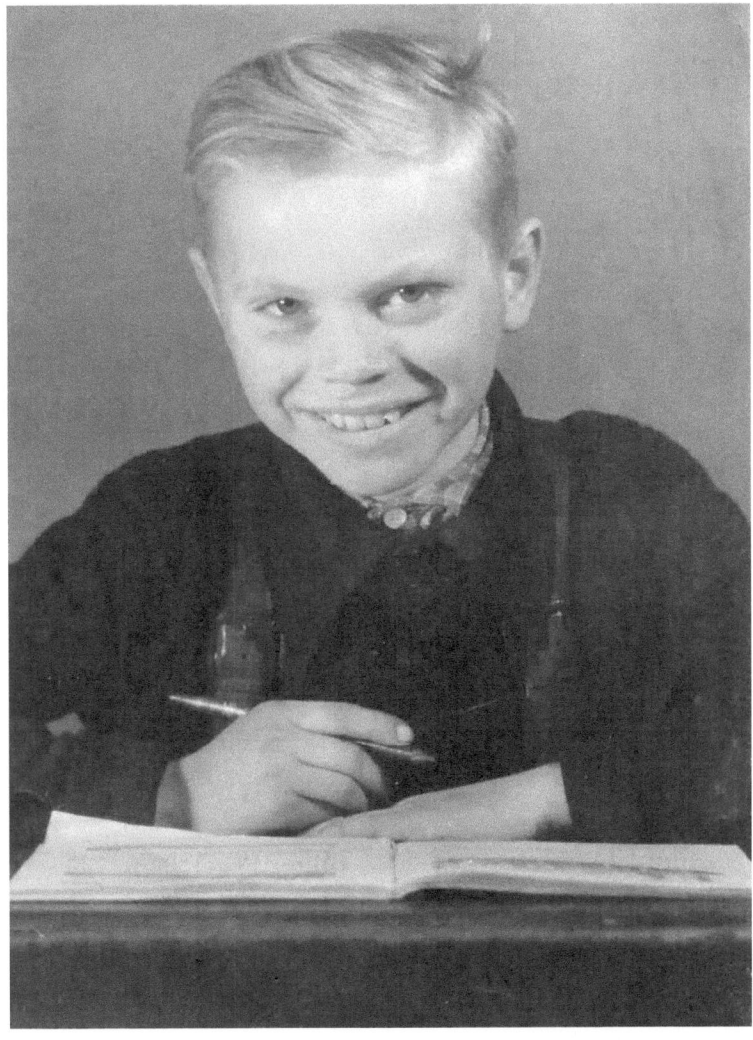

Liebe Leserinnen und Leser, sicher vermuten Sie bereits, dass es sich in den vorangegangenen Abschnitten bei dem „Jemand", bei „der Person" oder bei der Verwendung der dritten Person „er" um den Autor selbst handelt. Warum wurde diese Form der Erzählung gewählt?

Es ist einfacher zu schreiben: „Er sieht relativ unsportlich aus, ist mit 65 kg bei einer Körpergröße von 1,74 m eher untergewichtig als zu schwer", als wenn dieser Satz in der „Ich-Form" geschrieben worden wäre. Erst im Nachhinein, erfuhr der Autor durch das Internet über ein Team erfahrener IT-Experten und renomierter Neuropsychologen aus Berlin dazu Näheres.

In der dritten Person von sich zu reden, bezeichnet man als ILLEISMUS. In Kurzform und mit eigenen Worten wiedergegeben bedeutet dies etwa folgendes: Durch Aussagen über sich selbst in der dritten Person kann eine notwendige psychologische Distanz geschaffen werden. Man kann so über sich selbst nachdenken, wie man es über andere Menschen tun würde.

Nun möchte ich aber direkt über mein – durch den Sport geprägtes Leben – schreiben.

Landung im Weizenfeld

Ich wurde in den letzten Kriegsjahren als drittes von vier Kindern in einem kleinen Dorf im flachen Urstromtal der Mittelelbe in der Nähe von Dessau geboren. Meine Eltern besaßen eine kleine Landwirtschaft. Als ich zwei Jahre alt war, ereilte meinem Vater noch wenige Monate vor Kriegsende der Kriegsdienst. Kurz danach wurde meine jüngere Schwester geboren. So musste meine Mutter allein mit vier Kindern klarkommen.

Ich im Alter von drei Jahren, zusammen mit meinem Bruder

Den Landwirtschaftsbetrieb setzte der Opa von meinem Schulfreund Klaus fort. Außerdem wurden uns zur

Arbeit auf dem Hof und auf den Feldern zwei Kriegsgefangene, zunächst ein Franzose und später ein Russe, zugewiesen. Die früheste Erinnerung habe ich an die Rückkehr meines Vaters aus der Kriegsgefangenschaft 1947, als ich vier Jahre alt war. Mein Vater war aus Udine in Oberitalien aus der Gefangenschaft geflohen und hatte mit einem anderen deutschen Kriegskameraden die Alpen überquert.

Ich spielte gerade auf der Straße, verschloss schnell die Hoftür, um den vermeintlichen „Russen" nicht in unser Gehöft zu lassen. Das Missverständnis klärte meine Mutter schnell auf und präsentierte ihm die inzwischen zwei Jahre alte Tochter, die er noch nicht gesehen hatte.

In den ersten Lebensjahren, im Vorschulalter, betreute mich häufig meine zwölf Jahre ältere Schwester. Ich war, wie nahezu alle Kinder des Dorfes, kein Stubenhocker. Das Aufsuchen anderer Bauernhöfe und das Spielen mit Gleichaltrigen, teilweise auch allein mit meiner jüngeren Schwester, prägten in der frühen Kindheit den Tagesablauf. Unsere Eltern hatten wenig Zeit für uns, so dass wir uns häufig selbst überlassen waren. Urlaub machten sie nie. Wir freuten uns sehr, wenn es mal am Wochenende mit der Pferdekutsche in das eine oder andere Nachbardorf ging, um Verwandte oder Bekannte zu besuchen.

Wir hatten eine unbeschwerte, glückliche Kindheit. Der Aufenthalt im Freien war selbstverständlich. Der Sport ergab sich automatisch und spielte in meinem Leben immer eine Rolle. Schon in der Kindheit entwickelte ich einen gesunden Bewegungsdrang. In der ländlichen Idylle ergab sich selbstverständlich auch eine *Naturverbundenheit*.

Mit 5 Jahren lernte ich Radfahren auf folgende Weise: Mit meinem Vater fuhr ich auf dem Pferdewagen zum „Bauerhorn", so nannte sich das Flurstück, auf welchem sich unser Acker befand. Andere Flurstücke hatten Namen wie z.B.: Kührstücken, Lehmkieten, Rohrlache oder Maxdorfer.

Meine Mutter kam später mit dem Fahrrad nach. Ich spielte auf dem Feldweg und entdeckte das Damenfahrrad. Das kam mir gerade recht. Mit dem rechten Bein stellte ich mich auf das linke Pedal und rollte wiederholt ein leichtes Gefälle wenige Meter hinab. Dann fuhr ich mit dem großen Damenfahrrad aufrecht auf beiden Pedalen stehend und knapp über die Lenkstange schauend erneut hinunter. Beim nächsten Mal machte ich einige „Tretversuche", verlor dabei natürlich das Gleichgewicht und landete im Weizenfeld. Aufgeben? – Kam bei mir nicht in Frage! Nach mehreren Versuchen gediehen die Fertigkeiten soweit, dass meine Mutter meinte, sie würde mit dem Wagen nach Hause fahren und ich dürfte – aber nur einmal – ihr Fahrrad benutzen.

Zu Hause versuchte ich dann mit dem Herrenrad meines Bruders zu fahren. Das hatte aber eine Querstange, und ich war viel zu klein! Die Lösung: Links neben dem Fahrrad stehend wurde das rechte Bein unter die Querstange zum Pedal durchgesteckt, und los ging es. Der Oberkörper befand sich links von der Querstange. Das sah recht schief aus. Diese halsbrecherische Fahrt war auch nur auf einer nahezu menschenleeren Dorfstraße möglich. Mein Vater hatte ein Einsehen und kaufte für mich und meine Schwester später ein gemeinsames kleineres Kinderfahrrad.

Mein Bruder besaß aber noch eine andere Rarität. Im Schuppen stand aus „Großvaters Zeiten" ein von uns so bezeichnetes „Riesenrad". Es war ein *Hochrad* des 19. Jahrhunderts. Das „riesige" Vorderrad hatte einen Durchmesser von etwa 1,50 m. Ohne irgend eine Übersetzung waren die Pedale direkt fest mit der Achse des Rades verbunden. Der große Radumfang erlaubte eine schnellere Fortbewegung als beim Gehen. Der Vergleich z. B. mit einem heutigen Kinderdreirad mit ähnlichem Kraftübertragungssystem verdeutlicht den erheblichen Geschwindigkeitsunterschied. Das Hinterrad hatte hingegen nur einen Durchmesser von vielleicht 40 cm. Dieses Gefährt hatte damals noch keine Luftbereifung. Die schmalen Felgen waren ursprünglich mit 2 bis 3 cm starkem Hartgummi versehen. Das Fahren auf weichem Untergrund oder gar auf sandigen Wegen war fast unmöglich. Beschwerlich erschien auch eine „Reise" auf Kopfsteinpflaster.

Der Hartgummi war inzwischen völlig verschlissen. Mein Bruder peppte die Bereifung dieser „Rennmaschine" mit einem dicken Gartenschlauch auf und machte das Rad so wieder fahrtüchtig. Eine kleine Stütze am Hinterrad ermöglichte das Aufsteigen von hinten. Das Fahren war eine äußerst wacklige Angelegenheit. Man saß zudem noch ziemlich nahe am Lenker. Jeder weiß, dass das Halten des Gleichgewichts bei geringer Geschwindigkeit schwerer ist, deshalb musste man möglichst schnell „Fahrt aufnehmen". Auf ebenem und relativ festem Boden konnte man sich aber doch mit mehrfacher Schrittgeschwindigkeit fortbewegen. Ich blieb allerdings bei dem 26er Fahrrad.

Wasser und Todesangst

Schwimmen lernte ich ebenfalls im Vorschulalter, kurz vor meiner Einschulung mit sechseinhalb Jahren. Das Übungsgewässer war der „Fetken-Teich", von den Kindern kurz *„Fecki"* genannt, am westlichen Ortsausgang in Richtung des Dorfes Diebzig. Hier befand sich zuvor der Acker der Familie *Fetke*, daher der Name. Die „Lödderitzer" (Lödderitz ist ebenfalls ein kleiner Nachbarort) kamen auch öfter zum Baden zu uns und sprachen vom „Dammbruch", wenn sie unseren Badeteich meinten. Als Kind konnte ich diese Bezeichnung nicht verstehen, bis mein Vater mich aufklärte: Das Dorf war bei Hochwasser infolge der nahen Elbe häufig überflutet. Im Jahre 1755 wurde auf königlichen Erlass Friedrich des Großen unser kleines Dorf als die „Kolonie Kühren" gegründet. An der Schule befindet sich noch heute ein Gedenkstein aus dem Jahre 1905. Auf diesem Stein sind die Hochwasserstände eingetragen. 1,11 m hoch stand das Wasser im Jahre 1845.

Um ein Überfluten des Ortes zu verhindern, wurde um das Dorf herum ein Damm errichtet. Doch dieser Damm war eigentlich nicht gebrochen, wie man aus der Bezeichnung „Dammbruch" vermuten könnte, sondern die Öffnung wurde *künstlich* erzeugt. Warum? Trotz des Dammes stand nach einem Hochwasser Drängwasser im Dorf. Als außerhalb des Dammes das Wasser schon zurückgegangen war, durchstach man den Damm, damit das Wasser abfließen konnte. Dabei wurde ein tiefes Loch ausgespült, eben der sogenannte Dammbruch. Dieser entstandene Teich war mehrere

Meter tief, hatte einen Durchmesser von gut 50 m und enthielt relativ sauberes Wasser. Die Wasserqualität war jedenfalls besser, als die der Teiche am anderen Ende des Dorfes: Dorfteich, Straachs Teich, Luckaus Teich und der kleine Katzenteich. Im Sommer war das Schwimmen in unserem Fecki immer eine angenehme Abwechslung für viele Dorfbewohner. Ich konnte aber noch nicht schwimmen. Ein Jahr zuvor wäre beinahe ein Unglück passiert. Mit einem *Schwimmreifen* um den Bauch schwammen wir Nichtschwimmer ab und zu mit einigen größeren Jungen, die bereits schwimmen konnten, über den Teich. Das ging auch immer gut. Da war ich nie leichtsinnig. Einmal war ich jedoch nicht mit einer Schwimmhilfe ausgerüstet. Ich hatte auch nicht vor, alleine zu schwimmen. Bis zum Kinn im Wasser stehend hüpfte ich auf Zehenspitzen nur etwas herum und verlor plötzlich den Boden unter den Füßen. Ich schluckte Wasser, gestikulierte wild und schrie in *Todesangst*. Hubert, der jüngere Sohn des Lehrers, eilte herbei, sprang mit allen Sachen in das Wasser und zog mich heraus. Mir war fürchterlich übel, aber ich war froh und dankbar, dass er mich gerettet hatte.

Nun musste ich aber schwimmen lernen. Das kurze Untertauchen in brusttiefem Wasser bereitete mir zunächst Angst. Im Wettbewerb mit teilweise älteren Jungen wurde ich immer sicherer und konnte die Zeit unter Wasser mehr und mehr verlängern. Auch das Öffnen der Augen übte ich unter der Wasseroberfläche. Ein Stück mit dem Gesicht im flachen Wasser zu gleiten, das wir als „tauchen" bezeichneten, war dann eine gute Voraussetzung, um das Schwimmen zu erlernen.

Im folgenden Sommer bauten die Jugendlichen unseres Ortes einen rund 6 m langen, vorn ansteigenden und am Ende etwa anderthalb Meter über dem Wasser ragenden *Steg*. Am Anfang des Stegs konnte man auch als Nichtschwimmer in das flache Wasser springen. Weiter vorn betrug die Wassertiefe mehr als zwei Meter. Natürlich wurde ich immer mutiger. Auf dem Steg schrittweise weiter nach vorn gehend, sprang ich seitwärts schließlich in immer tiefere

Bereiche und schwamm unter Wasser einige Meter zurück in flachere Regionen. Das war ein Spaß! Dann tauchte ich immer früher auf und schwamm das letzte Stück, bis ich schließlich um den gesamten Steg herumschwimmen konnte. Nun durfte ich auch richtig nach vorn hinausspringen und lernte auch schnell den *Kopfsprung*. Durch das vielfältige *Üben* verbesserte sich naturgemäß unbemerkt die Kondition für das Schwimmen. So überquerte ich noch im gleichen Sommer, vor Schulanfang, erstmals den kleinen Teich ohne Auftriebshilfe, aber in Begleitung einiger größerer Schwimmer.

Meine erste Freundin

Schon im Vorschulalter beschäftigte ich mit Rechenaufgaben. Gern saß ich im Nebenzimmer und ließ mir von meiner älteren Schwester oder meiner Mutter aus der Küche Aufgaben zurufen, die ich im stillen Kämmerlein zu lösen versuchte. Ich „arbeitete" schon damals gern im Verborgenen.

1949 kam ich zur Schule. Als ich dann lesen konnte, saß ich oft hinter der Feuerstelle des Küchenofens der großen Waschküche. Hinter dem großen Waschkessel war eine Nische neben dem warmen Schornsteinzug, dort las ich ein Buch. Besucher fanden das immer lustig und fragten sich, wie ich wohl da oben hingekommen sei. Die von unserem Haus nur rund 200 m entfernte kleine *Dorfschule* hatte zwei Klassenräume. Eine Lehrerin unterrichtete im großen Klassenraum etwa 25 bis 30 Schüler der Klassenstufen 1 bis 4 gleichzeitig. Im 2. Klassenraum waren anfangs die Klassenstufen 5 bis 8 untergebracht, die von einem Lehrer unterrichtet wurden. Später fuhren sie, wie auch wir ab der 5. Klasse, mit dem Schulbus in die nahe Kleinstadt Aken/Elbe zum Unterricht.

Als ich in der 1. Klasse war, machte mein sechs Jahre älterer Bruder Witze über den Lehrer. „Hole mal die Katte vom Haz", äffte er ihn immer nach. Das sollte „hole mal die Karte vom Harz", heißen. Ich konnte solch eine Frechheit meines Bruders überhaupt nicht verstehen.

Ich ging gerne zur Schule. Der *Mehrstufenunterricht* gefiel mir. In jeder Unterrichtsstunde beschäftigte sich die Lehrerin etwa 10 Minuten mit jeweils einer Klassenstufe direkt. Meistens waren das nur 4 bis 8 Kinder. Die übrigen Schüler mussten selbständig arbeiten, nachdem sie eine Aufgabe erhalten hatten. Da ich meistens schnell mit meiner „Stillarbeit" fertig war, hörte ich interessiert zu, was die Lehrerin den älteren Jahrgängen erklärte.

Einschulung im Jahr 1949 in Kühren

3. und 4. Schuljahrgang 1952

Als ich dann die Ziffern kennengelernt hatte, versuchte ich mich auch schon mit großen Zahlen auseinander zu setzen. Ich wusste, wie alt mein Vater war und kannte mein Geburtsjahr. Daraus wollte ich nun das Geburtsjahr meines Vaters berechnen. Irgendwie kam ich auf das Jahr 1900. Dabei hatte ich mich „nur" um 2 Jahre verrechnet, denn mein Vater wurde im Jahre 1902 geboren.

Erledigung der Schulaufgaben auf dem Hof

Mein Jahrgang war in der Schule mit 10 Jungen und 4 Mädchen relativ stark vertreten. Kurz nach dem Zweiten Weltkrieg hatten viele Familien im Dorf Umsiedler aus Schlesien und aus dem Sudetenland aufgenommen. Die Einwohnerzahl des Dorfes war damals nahezu doppelt so hoch wie heute. Von den 10 Jungen sind 6 bereits verstorben. Von den Übrigen kenne ich den Aufenthaltsort nicht. So leben heute, außer mir, möglicherweise nur noch drei Jungen, mit denen ich eingeschult wurde. Von den vier Mädchen ist mir nur noch eines in Erinnerung: Gitta, die Schwester eines heutigen Tierarztes der Stadt Köthen. Sie war mit 6 Jahren meine *erste Freundin*. Nur – *sie* wusste nichts davon!

Von der 1. Klasse an gehörten Rechnen und Sport zu meinen Lieblingsfächern. Alle Kinder freuten sich besonders auf die Pausen. Haschen, Schlagball und Völkerball (Zweifelderball) waren am beliebtesten. Auch die Sportstunden fanden meistens auf dem großen Schulhof statt und bestanden vorrangig aus Ballspielen, sowie aus Lauf-, Sprung- und Wurfwettbewerben.

Schausteller und Schulsportfest

Ab und zu kamen Schausteller oder es besuchte ein kleiner Wanderzirkus unser Dorf. Die einzige Gaststätte an der Hauptstraße im Dorf besaß einen Saal. Mit Sägespänen auf dem Parkett entstand eine Manege, so dass auch Vorführungen mit Pferden möglich waren. Ich interessierte mich besonders für die Darbietungen der Clowns und Artisten und staunte auch, was die Kinder bereits konnten. Dadurch bekamen wir für einige Tage Zuwachs in der Klasse. Ich wunderte mich sehr darüber, dass uns ein kleiner Junge in meinem Alter, seine artistischen Leistungen nicht auf dem Schulhof zeigte. Ich hätte das in diesem Alter sicher getan. Manchmal bauten Schausteller ein Kettenkarussell auf der Wiese von Bauer Enderling auf. Dieses Karussell wurde nicht wie andere mit einem Elektromotor, sondern mit Muskelkraft angetrieben. Es besaß oberhalb der Tragbalken der Ketten eine Plattform, auf welcher die großen Jungen die in Brusthöhe befindlichen Ausleger anschoben, indem sie immer im Kreis herumlaufend, die Achse des Karussell in Bewegung versetzten. Dafür bekamen sie Freikarten und fuhren selber mit, wenn andere Jungen als Anschieber fungierten. Aber dann kam doch für den Betreiber des Karussells nichts in die Kasse? Doch! Es gab ja auch zahlende Mitfahrer: Mädchen und kleinere Kinder.

Einmal jährlich fand auf „Schäfers Wiese", das war unser Sportplatz in der Nähe der Mühle des Dorfes, ein *Schulsportfest* statt. Auf der großen Wiese waren lediglich eine provisorische Weitsprunganlage, drei auf dem Rasen abgesteckte Laufbahnen und einige markierte Spielfelder für „Kleine Spiele" vorhanden. Fußballtore gab es nicht.

Ich erinnere mich noch sehr gut, dass ich in der 3. Klasse besonders stolz auf meinen Sieg im Weitsprung war. Ältere Schüler lobten meine Leistung von 2,90 m. Lange konnte ich mich aber darüber nicht freuen. Zu Hause stellte ich fest, dass ich mein Abzeichen „Für gutes Wissen" verloren hatte. Ich trug es bei den sportlichen Wettbewerben. Damit wurde ich zum Abschluss des 2. Schuljahres ausgezeichnet und war darauf ungeheuer stolz, weil es jeweils nur ein Schüler jeder Klassenstufe bekam. Es flossen dicke „Krokodilstränen", denn das Abzeichen bedeutete mir noch mehr als die Urkunde und das Lob für die sportliche Leistung.

Mit meiner jüngeren Schwester, die auf dem Lenker des Fahrrades in Fahrtrichtung Platz genommen hatte, fuhr ich anschließend mitten auf der Dorfstraße und dann auf dem Fußweg neben der Landstraße in Richtung Mühlberg zum Sportplatz. Wir waren ein tolles Gespann. Da meine Schwester ziemlich groß und ich für mein Alter eher klein war, glaubten Fremde, wir wären Zwillinge. Die Einheimischen wussten jedoch, dass ich zwei Jahre älter war. Schließlich kannte im Dorf jeder jeden. Leider suchten wir in der Weitsprunggrube vergeblich nach dem Abzeichen. Im Gras des Platzes war sowieso nichts zu finden.

Freizeitspiele im Dorf

In der *Freizeit* beschäftigten wir uns in kleinen Gruppen mit Kreisel-, Reifen- und Balltreiben, Ballwurf- und Fangübungen, Fußballtorschießen und Ähnlichem. Die Jüngeren fanden Spaß bei Hüpf-, Kreis- und Singspielen. Seilspringen und Fangen mit mehreren Bällen war besonders bei Mädchen beliebt. Fahrradfahren, Schwimmen, Schlittschuhlaufen, Ballspiele oder einfache Turnübungen, wie Schwingen in den Handstand gegen eine Hauswand oder Radschlagen (das machten vorwiegend die Mädchen), schaute man sich von den älteren Kindern ab und lernte es autodidaktisch.

Vorrangig am Wochenende streiften wir Jungen durch die nahegelegenen Elbe-Auenwälder, kletterten auf hohe Bäume, bauten Bunker oder beobachteten Tiere. Den Höhepunkt bildete oft am Abend auf dem kleinen Dorfplatz neben dem Feuerwehrdepot ein kleines Fußballspiel oder ein Völkerballspiel (Zweifelderball), bei welchem auch Mädchen mitspielten.

Im *Winter* waren Rodeln am Mühlberg und Schlittschuhlaufen auf dem Dorfteich angesagt. War die Taube – ein kleines Flüsschen, das in die Saale mündet – zugefroren, liefen wir dort mit Schlittschuhen bis zur Brücke von Großrosenburg und zurück. Das waren gut 15 km. Im strengen Winter von 1953 hatten sich dicke Eisschollen auf der Elbe so übereinander geschoben und waren festgefroren, dass die Oberfläche stand. Zwischen diesen Schollenbergen befanden sich dünnere durchsichtige Stellen, die den Blick zum darunter fließenden Wasser freigaben. Wir Kinder überquerten mehrmals den Fluss. Auf die Idee, das dies äußerst gefährlich war, kam keiner von uns. Im Winter 1963 war es übrigens das letzte Mal, dass die Elbe bei Aken „stand", also vollkommen zugefroren war.

Besonderen Spaß machten die Eishockeyspiele auf dem Dorfteich mit einem selbstgebauten Schläger. Die Spiele dauerten häufig sehr lange, so dass wir abends durchgeschwitzt und sehr hungrig nach Hause gingen.

Risikoträchtig, wenn auch weniger als beim Überqueren der Elbe, war auch folgende Betätigung: Wenn Tauwetter einsetzte und bereits Wasser auf der Eisfläche stand, nutzten wir Eisflitzer, um uns fortzubewegen. Dazu bauten wir die Schlittschuhe, die ja damals zum Schlittschuhlaufen separat an den Ledersohlen der Schuhe festgeschraubt wurden, unter eine kleine Holzplatte und knieten uns darauf. Kurze Stöcke wurden jeweils an einem Ende mit einem abgekniffenem Nagel versehen. Damit stießen wir uns mit einem Doppelstockschub, wie beim Skilanglauf, kräftig ab. So konnte man eine ordentliche Geschwindigkeit erreichen.

Sobald im *Frühjahr* die Wege schnee- und eisfrei waren, kamen die kleinen bunten Kugeln oder Murmeln, die jedes Kind besaß, zum Einsatz. Mit diesen Kugeln gab es mehrere Spiele. Am einfachsten war folgender Wettbewerb: Jedes Kind warf eine bestimmte Anzahl von Kugeln aus einem festgelegten Abstand gegen eine Wand. Wer eine Kugel am nächsten zur Wand platzierte, hatte alle Kugeln gewonnen. Dieses Spiel wurde auch mit Münzen gespielt.

Häufiger nutzten wir die kleinen Kugeln aber als Knippkugeln beim sogenannten „Knippen". Auf den unbefestigten Fußwegen diente eine kleine Mulde als Ziel. Mit einem Wurf

64

wurde von jedem Mitspieler eine festgelegte Anzahl von Kugeln von einer Linie in Richtung Ziel geworfen. Kugeln, die nicht in das Loch gefallen waren, wurden mit dem angewinkelten Zeigefinger so angestoßen, dass sie genau zwischen zwei andere Kugeln hindurch in die Mulde rollten. Dabei musste immer mit der entferntesten Kugel begonnen werden. Gelang dies nicht, war der nächste Spieler an der Reihe. Wer dann die letzte Kugel „einlochte", konnte alle im Loch befindlichen Kugeln sein Eigen nennen.

Einen besonderen Reiz hatte für mich das Herumturnen in der *Scheune*. Von einem Balken konnte man aus 1 m, 2 m oder 3 m Höhe einen einfachen Sprung oder einen Salto vorwärts oder auch rückwärts in das Stroh ohne große Gefahr ausführen. So war es nicht verwunderlich, dass sich ein Teil so mancher Kindergeburtstagsfeier mit etwa 5 bis 10 Kindern in der Scheune abspielte.

Die „Großen" – mein Bruder war, wie ich bereits zuvor betonte, 6 Jahre älter als ich – spielten gewagtere Spiele. Sie bauten eine riesige *Schaukel* in der Scheune. Artisten nutzen ähnliche Konstruktionen, wobei die Schaukelbewegung für den Abflug zu spektakulären Mehrfachsaltos und Drehungen um die Körperlängsachse genutzt wird. Hier stellt die Landung das größte Risiko dar.

Eine solche Idee verwirklichten die älteren Jungen: Die große und schwere Tür, die zum Kartoffelkeller führte, wurde aus den Angeln gehoben und waagerecht etwa einen Meter über Boden der Tenne mit dicken Tauen an den Eckpunkten am Mittelbalken in 6 bis 8 m Höhe befestigt. An jedem Ende dieser Großschaukel stand ein Junge und hielt sich an den beiden Tauen fest. Mit abwechselnd kräftigen Beinstößen brachten beide das „*Luftschiff*" dann in Bewegung. Mit einer Pendelbewegung von mehr als 10 m Schwingungsweite – nahezu von einem Scheunentor zum anderen – sausten sie dann durch die Tenne. Mehrere Kinder, die in der Mitte Platz fanden, mussten sich immer gut festhalten, denn von ihnen wurde Mut verlangt, da sie sich ja nicht direkt an den Tauen festhalten konnten. Zum Glück ist nie etwas passiert.

Noch gewagter erschien uns das *Verfolgungsspiel* der älteren Jungen. Ein äußerst schwieriger Parcours war in hohem Tempo zu bewältigen. Innerhalb der Scheune wurde gestartet. Über eine Leiter zu einer großen Plattform, auf welcher eine Häckselmaschine stand, gelangten die Mitspieler von der Tenne durch eine Luke nach außen auf das angrenzende Flachdach eines Schuppens. Von dort erklommen sie mit Hilfe eines Seiles, das am Dachfirst befestigt war, auf den Dachziegeln kriechend oder laufend und hangelnd das steile Satteldach der Scheune. Durch ein Loch, das durch das Entfernen einiger Dachziegel entstanden war, gelangten sie wieder in das Innere der Scheune. Da nicht alle Jungen durch die schmale Öffnung zwischen den Dachlatten hindurch kamen, wurde zuvor ein Stück Latte herausgesägt. Durch dieses Loch kletterten die Mitspieler hindurch und sprangen aus etwa 12 m Höhe stufenweise in das Stroh, um wieder hinunter zur Tenne zu gelangen. Zu Beginn der Verfolgungsjagd startete jeweils ein weiterer Spieler, wenn sein Vorgänger die Luke erreicht hatte. In einer Endlosschleife war praktisch jeder Jäger und Gejagter. Eingeholte Mitspieler mussten ausscheiden. Es wurde bis zur völligen Erschöpfung gekämpft, bis der Sieger feststand. Wir „Kleinen" durften diese halsbrecherische Hetzjagd, die mit Sicherheit viel Adrenalin freisetzte und ungeheuren Spaß brachte, nur als Zuschauer erleben.

Sehr gut in Erinnerung habe ich auch noch den Geruch von Spiritus und das Zischen und Dampfen in unserer recht kleinen Küche, wenn sich mein Bruder mit seinen Freunden an einem Winterabend zu einem *Dampfmaschinenwettbewerb* traf. Jeder brachte sein Spielzeug, eine Dampfmaschine, mit. Kleine Spiritusbrenner erhitzten jeweils die Wasserkessel der Dampfmaschinen. Es war spannend zu sehen, welche Maschine zuerst „ansprang", wo sich der Kolben zuerst bewegte. Sieger war häufig „Männe" oder Werner mit seiner sehr imposanten Dampfmaschine, die zwei große Schwungräder oberhalb des Kessels besaß. Über eine Transmission wurden kleine Mühlen, Schleifsteine oder andere Spielzeuge angeschlossen. Sobald sich etwas bewegte, war der Jubel groß. Zum Schluss wurde unter lautem Pfeifen der Dampf abgelassen.

Mein Vorbild im Turnen

Turnerische Übungen machten mir besonderen Spaß. Mit etwa 6 Jahren übte ich häufig allein in einem leerstehenden Zimmer auf einer ausgebreiteten Decke das Schwingen in den *Handstand* und im Freien auf einer Wiese den *Handstandüberschlag*. Dabei entwickelte ich eine eigene Technik. Nach kurzem Anlauf führte ich einen flüchtigen Handstand aus und hockte während der kurzen Flugphase nach kräftigem Abdruck der Arme schnell die Beine an. Dadurch landete ich wieder auf den Füßen und zwar in der Hocke. Die richtige Technik lernte ich später – und das kam so: Ab der 5. Klasse fuhren wir mit dem Schulbus nach Aken zum Schulunterricht. Bei der ersten Leistungskontrolle im Sportunterricht saßen alle Schüler in einem offenem Karree um das Reck herum. Nacheinander kamen alle dran. Für die Übung „Hüftaufschwung mit anschließendem Hüftabschwung" bekamen Marlene und ich eine Eins. Ich hatte die Beine schön gestreckt und führte den Hüftabzug in „Zeitlupe" aus. Das muss den Lehrer beeindruckt haben.

Als wäre es erst gestern gewesen, erinnere ich mich an folgende Begebenheit: Der ehemalige Direktor erteilte in unserer Klasse Biologieunterricht. In einer großen Pause lud er die besten Sportler der Schule der Klassen 5 bis 8 in die Turnhalle ein. Er zeigte uns einige Turnelemente auf der Bodenmatte. Ich staunte insbesondere über seinen einarmig gestützten Handstandüberschlag. Dieses Erlebnis und seine Schilderungen, dass er regelmäßig Läufe um unsere kleine Stadt herum ausführte und im Sommer Saltos im Wasser im Freibad „Magdalenenteich" machte, beeindruckten mich sehr. Ab sofort wurde ich Mitglied in der Betriebssportgemeinschaft (BSG) „Stahl" Aken und trainierte wöchentlich zweimal in der Kinderabteilung der Sektion Turnen.

Ferner interessierte mich auch der Mathematikunterricht. Ein Neulehrer und ehemaliger Tischler hatte eine besondere Art, uns mit dem Rechnen vertraut zu machen. Kaum schloss er die Klassenzimmertür hinter sich, prasselten Aufgaben – die im Kopf zu lösen waren – auf uns herab: „7 mal 17; 224

minus 35" usw. Dabei nahm er nicht etwa die Schüler dran, die sich meldeten. Es brauchte sich niemand zu melden, denn er zeigte jeweils auf einen beliebigen Schüler. Wenn dieser nicht sofort die Antwort wusste oder ein falsches Ergebnis nannte, rief er: „Aufschreiben, aufschreiben!" Er zeigte dabei auf Elke, die Klassenbeste, die vorn links mit einer Namensliste saß und die „Versager" vermerkte. Nun drohte einigen eine Extra-Hausaufgabe.

Der Mathe-Lehrer war überhaupt ein rustikaler Typ. Wenn mal großer Tumult in der Klasse war, bekam der Erste, der ihm begegnete, eine „Gehörige" geballert und er hatte fortan die ganze Unterrichtsstunde Ruhe, wie er selbst unter Kollegen zum Besten gab. Offiziell war körperliche Züchtigung in der damaligen DDR nicht gestattet. Ich kenne aber keinen Fall, in welchem damals eine „Ohrfeige" geahndet wurde. Zum Glück erlebte ich in der Schule bei mir oder bei anderen so etwas nie.

Mein Vater und meine Mutter erfuhren so etwas vor dem Ersten Weltkrieg in ihren Dorfschulen fast täglich. Die damaligen Lehrer hatten tatsächlich einen Rohrstock in einer Ecke stehen, den sie benutzten, um Kinder, die sich nicht nach den Vorschriften verhielten, auf die ausgestreckten Finger zu klopfen. „Schwere Fälle" mussten sich sogar über die Bank beugen und bekamen eine bestimmte Anzahl von Hieben auf den Hosenboden oder sogar auf den nackten Hintern. So erzählten es jedenfalls meine Eltern. Uns schienen diese Geschichten unmenschlich und gruselig.

Ganz anders und heute kaum zu glauben war zu meiner Schulzeit folgende Tatsache. Hatten wir einen angenehmen Unterrichtstag, sangen wir oft einige Lieder auf der Heimfahrt im Schulbus. Helma, die Tochter vom Förster, stimmte meistens an und alle sangen mit. Wir sangen vor allem Volkslieder wie z. B.: „Am Brunnen vor dem Tore..." oder „Es zogen auf sonnigen Wegen drei lachende Burschen vorbei..."

Ich war stolz auf meinen Vater

Gleichzeitig unterstützte mein Vater meine sportlichen Bestrebungen. Im Garten baute er mir ein Reck. Zwischen einem Baum und der Schuppenwand befestigte er kopfhoch eine etwa 5 cm dicke Eisenstange. Dieses Gerät war kaum elastisch, erfüllte aber seinen Zweck (heutige Wettkampfgeräte besitzen eine sehr elastische Stange mit einem Durchmesser von 2,9 cm). Im Alter von immerhin fast 50 Jahren zeigte mir mein Vater an diesem Gerät einige Grundelemente des Reckturnens wie Umschwünge und Kippbewegungen so einfach im Arbeitsanzug. Ich staunte nicht schlecht und übte mit anderen Kindern ähnliche Bewegungsabläufe.

Ich erinnere mich, dass mein Vater sehr große Hände besaß und viel Kraft hatte. Auf einem Gruppenfoto vom „Turnverein Friesen" aus dem Jahre 1921 sitzt er – mit 19 Jahren – stolz vorn rechts außen mit langer weißer Hose als Vorturner der Turnjugend. Nahezu alle jungen Männer des Dorfes turnten in diesem Verein. Sie waren dort vorwiegend in den Wintermonaten, wenn die Feldarbeit ruhte, sehr aktiv.

Im Saal der Gaststätte des Dorfes befanden sich einige Turngeräte. Ein Pferd, an welchem Stützübungen ausgeführt wurden, eignete sich auch bei abgebauten Pauschen (das sind die Griffe) für den Pferdsprung. Eine Grätsche über das etwa 1,80 m lange Pferd, das vorn mit dem angedeuteten „Pferdehals" eine recht schmale Stützfläche besaß, war die Mutprobe schlechthin. Die wenigen Vereinsmitglieder, die den Sprung über dieses Pferd nicht bewältigten, waren im Dorf allgemein bekannt.

Anzumerken ist, dass damals das Gerät noch die Bezeichnung „Pferd" verdiente. Am Ende des 19. Jahrhunderts wurde es dem Rumpf eines Pferdes nachempfunden und besaß sogar einen Schweif. Es veränderte sich immer mehr. Heute nutzt man im Gerätturnen einen speziell geformten und gepolsterten „Tisch" und spricht nicht mehr vom „Pferdsprung", sondern einfach von der Wettkampfdisziplin „Sprung". Aber beim Turnen an dem Gerät mit Pauschen ist noch bis heute in der Bezeichnung „Seitpferd" das „Pferd" erhalten geblieben.

Außerdem besaß der damalige Verein einen Barren und einige recht dünne Kokosmatten. Es konnte auch ein Spannreck aufgebaut werden. Da die Decke des Saales nicht sehr

hoch war, wurde die Reckstange genau in der Höhe angebracht, dass der längste Turner im Hang gerade unten noch
frei durchschwingen konnte.

Mein Vater zeigte gern sein Können. Schließlich war er ja
der „Vorturner" im Verein. Als er schon älter war und nicht
mehr zu den Aktiven zählte, konnte er es sich nicht verknei-
fen, den „jungen Hüpfern" zu zeigen, wie eine Riesenfelge am
Reck aussieht. Von der Feldarbeit kommend, zog er nicht einmal die Stiefel aus (so wurde mir das mehrfach erzählt) und
wirbelte um die Reckstange. Bei der letzten Riesenfelge
streckte er sich extrem und verursachte mit den Stiefeln
einen gehörigen schwarzen Kratzer an der Decke des Saales.
Bei mehreren Renovierungen wurde dieser bewusst nicht
beseitigt, um an die Leistung meines Vaters zu erinnern. Das
erfüllte mich als Kind natürlich mit besonderem Stolz.

Mitglieder des Turnverein "Friesen" Kühren im Jahre 1921. Rechts außen mein Vater
als Vorturner

Mit 10 Jahren baute ich mir selbst einen kleinen Stützbar-
ren im Garten. Dazu rammte ich mit einem Vorschlaghammer
vier Pfähle in den Boden und befestigte darauf parallel zwei
dicke Aluminiumrohre, die als Holme für meinen Barren dien-
ten. Damit war das Schwingen in den Handstand möglich. Na-

türlich hatte mir niemand gesagt, wie ein richtiger Handstand auszusehen hat. Auf alten Bildern waren die Turner stets im Handstand mit starker Hohlkreuzbildung zu sehen. So sah eben auch mein Handstand aus.

Als Zehn- bzw. Vierzehnjähriger beim Handstand auf einem selbstgebauten Barren

„Los, eine Grätsche!"

Die Gaststätte mit dem dazugehörigen Saal war das „kulturelle Zentrum" des Ortes. Die Bauern trafen sich hier zum Biertrinken oder zu einem Skatspiel. Mehrmals im Jahr fanden im Saal Tanzveranstaltungen statt, wie z. B. der Maskenball. Wir Kinder drückten uns an den Fenstern die Nasen platt, bis uns die Jugendlichen nach Hause schickten. Zum Feuerwehrball erschienen die Männer des Dorfes in Uniformen.

Ich erinnere mich besonders an verschiedene Schauturnveranstaltungen. Helmut, der uns gegenüber wohnte, war etwa zehn Jahre älter als ich und damals der beste Turner im Dorf. Gemeinsam mit meinem Bruder trainierte er ab und zu mit den Turnern in Aken, denn einen Turnverein gab es in unserem Ort nach dem Zweiten Weltkrieg nicht mehr. So kamen die Turner aus der Stadt und veranstalteten mehrere Schauturnen bei uns im Saal.

Nachdem ich Mitglied der BSG „Stahl" Aken wurde, nahm

ich als einziges Kind auch daran teil. Als die Männer am Hochreck turnten, hob man mich an die Stange. Nach einer kurzen Übung verharrte ich im Stütz und wusste nicht, wie ich wieder herunterkommen sollte. Ich hatte noch nie vom Hochreck einen richtigen Abgang geübt! Die Zuschauer wurden unruhig. Plötzlich war es ganz still im Saal. „Los, eine Grätsche!" rief mir Achim zu, der unter dem Reck zur Sicherheit stand. Ich holte schließlich Schwung und machte eine Grätsche über die Reckstange. Den Applaus habe ich heute noch in den Ohren.

Den Höhepunkt bildete jedes Jahr Pfingsten. Der 1. und 2. Pfingstfeiertag war den Nachbardörfern Diebzig und Lödderitz für das Ringreiten vorbehalten. In unserem Dorf wurde am Wochenende danach das sogenannte Klein-Pfingsten gefeiert. Am Nachmittag freuten wir uns auf das Ringreiten und den Tanz, bevor am Abend der Reiterball stattfand. Mit 14 Jahren nahm ich zum ersten Mal am Ringreiten teil. Mit einem kurzen Stock musste während des Reitens im schnellen Galopp durch ein Tor ein Ring, der auf einem Nagel an einer Querlatte hing, aufgespießt werden. Mir wurde dazu nicht ein Reitpferd, sondern unser „Ackergaul" zur Verfügung gestellt. Zuvor hatte mir mein Vater mit unseren Ackerpferden ohne Sattel eine „Reitstunde" erteilt. Im vollen Galopp ging es bis zum Mühlberg. Der Hintern schmerzte mir noch drei Tage danach.

Der Wettbewerb war dann für mich ein extremes Unterfangen. Reitstiefel besaß ich natürlich nicht. Blieben nur die Stiefel von meinem Vater. Die Schäfte waren so hoch, dass ich auf dem Pferd sitzend, kaum die Beine beugen konnte. Das ergab schon ein kurioses Bild. Die Erklärung: Mein Vater war ziemlich groß. Und ich? In der 8. Klasse, wenn wir zum Sportunterricht der Größe nach antraten, war ich der Letzte

Ein kräftiger Schluck nach dem Ringreiten mit viel zu großen Stiefeln auf einem Ackerpferd

in der Reihe, also der Kleinste.

Ich nahm noch einige Male an diesem Wettbewerb teil, aber dann mit einem eher als Reitpferd tauglichen Pferd von Helmut. Unter etwa 30 Reitern erreichte ich auch einmal einen 3. Platz.

Als Sechzehnjähriger mit dem Pferd von Helmut

Im Herbst feierten die Dorfbewohner das Erntedankfest. Im Saal herrschte wieder reges Treiben für „Jung und Alt" beim Tanz. Das Besondere: Die Tanzveranstaltung fand unter einer großen Erntekrone statt. In akribischer Arbeit stellten mehrere Frauen einige Tage vorher aus kleinen, kurzen Bündeln mit Getreideähren und Früchten einen schönen, kronenförmigen Kranz her. Der schwebte hoch oben in der Mitte über der Tanzfläche. Schon beim Einbringen der Ernte zeigte jeder „Hof" auf seinem letzten Wagen mit einer kleinen Erntekrone das Ende der Getreideernte an. Es gab auch einige Bauern, die nur die letzte Garbe auf einer Gabel hochhielten. Wir Kinder empfanden das als regelrechten Wettbewerb. Welcher Bauer brachte als Erster und welcher als Letzter das Getreide unter „Dach und Fach"?

Beim Richtfest eines neuen Gebäudes ist es ja heute noch in vielen Regionen Brauch, mit einer Krone das Ende des ersten großen Bauabschnittes anzuzeigen. Das Erntedankfest und das Weihnachtsprogramm bildeten den Jahresabschluss. Eine besondere Feier zum Jahreswechsel gab es nicht, soweit ich es weiß. Aber zum Weihnachtsfest übte unsere Lehrerin mit allen Kindern des Dorfes stets ein kleines Programm ein. Wir sangen Weihnachtslieder und probierten uns in kleinen Theaterstücken als Schauspieler aus. Wenn es Purzelbäume zu schlagen galt, oder es hüpfte ein Eichhörnchen oder Hase über die Bühne, war das meine Rolle.

Körperliche Arbeit

Wir Kinder hatten viel Zeit zum *Spielen*, da es anfangs noch keine Fernsehgeräte gab. Wir hatten aber auch feste Pflichten. In der Landwirtschaft gab es immer Arbeit. Für die Ofenheizung im Haus trugen wir Holz und Kohlen aus dem Schuppen in die Küche. An den Wochenenden mussten der Hof und die Straße gefegt werden. Wir halfen im Haushalt oder holten Brot vom Bäcker. Sehr peinlich war für mich, wenn ich am Sonntag Brot holen musste, weil meine Mutter vergessen hatte, mich am Sonnabend bei geöffneter Ladenzeit loszuschicken.

Im frühen Schulalter kümmerten wir uns um die kleineren Tiere, wie Hund und Katze, Gänse und Hühner, indem wir Futter und Wasser bereitstellten. Wenn die Hühner z. B. hinter der Scheune herumscharrten, holten wir ein verirrtes Huhn aus dem Gemüsegarten oder trieben am Abend alle durch die Scheune auf den Hof. Ihren Stall fanden sie dann selbst.

Einmal vergaß ich die Hoftür zu schließen und mehr als 50 Hühner tummelten sich auf der Dorfstraße. Es kam wie es kommen musste. Mein Vater kam dazu. Er schnallte seinen Gürtel ab und ich bekam eine „Tracht" Prügel wie nie zuvor. Da sein Ledergurt nur locker um die Arbeitshose geschlungen war, verlor er sie fast und ich konnte weglaufen. Meine Mutter sorgte dafür, dass sich so etwas nicht wiederholte.

Beim Versorgen von Pferden, Kühen und Schweinen half ich als ich schon etwas älter, aber immer noch Kind war. Selbst nur etwa 40 bis 50 kg wiegend, schleppte ich zwei große Wassereimer mit einem Gesamtgewicht von 20 kg von der Pumpe im Waschhaus mehr als 20 m über den Hof in den Kuhstall, um 5 bis 10 Kühe zu tränken. 100 bis 200 Liter wurden so täglich transportiert.

Beim Entmisten der Schweineställe packte ich die Karre manchmal so voll, dass diese auf halbem Wege zum Misthaufen umkippte. „Na schön", dachte ich, „so ein Mist!" Wäre ich zweimal mit halber Last gefahren, hätte ich mir zumindest die Reinigung des Hofes erspart. Das war schon *richtige Arbeit*. Es wurde aber nicht allzu oft von unseren Eltern verlangt. Mein älterer Bruder musste da schon etliche Male mehr ran.

Spaß bereiteten uns Arbeiten auf Feldern und Wiesen. Anfangs spielten wir zwar nur. Später half ich z. B. beim Anpflügen der Kartoffeln. Auf dem Pferd reitend, hatte ich die Aufgabe, es so zu lenken, dass es genau zwischen den Kartoffelreihen lief, während mein Vater den Pflug hielt. Obwohl diese Tätigkeiten oft viele Stunden in Anspruch nahmen, ermüdete ich nie. Gespräche führten wir selten. Er gab nur Anweisungen oder manchmal auch Erklärungen zu Naturerscheinungen oder zum Umgang mit Tieren. Wenn mein Vater abends frisches Grünfutter für die Tiere holte, fuhr ich gerne mit dem Pferdewagen mit und harkte zusammen, was beim Mähen mit der Sense liegen geblieben war. Das Füttern der Tiere war meistens Aufgabe der Eltern. In dieser Zeit erledigten wir Kinder häufig unsere *Schulaufgaben*.

Eine *volle* Arbeitskraft waren wir Kinder im Alter von 12 bis 14 Jahren im Frühjahr auf dem *Feld* beim „Rübenverziehen". Auf den Knien rutschten meine Jüngere Schwester und ich bis zu 5 Stunden täglich zwischen den Reihen und vereinzelten die kleinen Pflanzen so, dass sie genug Platz zum Wachsen hatten. Bei der Heuernte oder wenn das Getreide eingebracht wurde, packten wir mit zu und fuhren oben auf dem Wagen mit.

Beim *Dreschen* in der Scheune hatte jedes Familienmitglied seinen Arbeitsplatz. Oft war ich mit meiner jüngeren Schwester für das Stapeln der Strohballen hinter der Strohpresse verantwortlich. Die Ballen waren relativ leicht zu transportieren. Mit den etwa 1 m x 1 m großen Ballen, die rund 30 cm dick waren, konnten wir kleine Gänge überbrücken und zum Durchkriechen gefahrlos nutzen. So war das ganze mehr Spaß als Arbeit. Die Kartoffelernte im Herbst bescherte uns dann wieder *richtige* Arbeit. Hier halfen aber oft einige Bekannte und auch Mitschüler aus der Stadt. Für uns Kinder kam dadurch auch hier der Spaß nicht zu kurz.

Der Lohn für einige Stunden Kartoffellesen war mit 3 Mark zwar mäßig, aber zum Vesper gab es eine dicke „Fettbemme" und eine saure Gurke. Noch wichtiger war jedoch: Am Abend konnte jeder Helfer einen Korb voll Kartoffeln auf sein Fahrrad aufladen, denn selbst 10 Jahre nach dem Krieg war die allgemeine Versorgung mit Lebensmitteln in den Städten noch nicht so üppig.

Im Herbst ernteten wir Obst und Gemüse im Garten. Das Pflücken der Kirschen und das Klettern in Apfel- und Pflaumenbäumen war für uns kein Problem.

5. Meine Jugend

Die „Penne"

Nach dem Abschluss der 8. Klasse begannen die meisten Mitschüler eine Lehre. Ich wollte die 10. Klasse und somit die „Mittlere Reife" abschließen. Einen festen Berufswunsch hatte ich noch nicht. Doch ohne mich zu fragen, sollte ich die sogenannte „Oberschule", die in vier Jahren zum Abitur führte, in der Kreisstadt besuchen. Ein Lehrer hatte mit meiner Mutter gesprochen und sie überzeugt, dass dies der bessere Weg für mich sei. Ich könnte dann ja auch studieren. Ich murrte nicht, weil ich wusste, dass einige ältere Turnfreunde diese Schule bereits besuchten und andere Schüler meiner Klasse ebenfalls das Abitur machen wollten. So wurde ich „Oberschüler". Die „Goethe-Oberschule" in Köthen war unsere „Penne". Da im Aufnahmeformular die Frage nach dem Berufswunsch gestellt wurde, gab ich *Tierarzt* an. Dafür war Latein erforderlich. Ich wurde deshalb in den sprachlichen Ausbildungszug eingeordnet. Doch Latein wollte ich nicht, zumal ich vom zukünftigen Beruf ohnehin nur eine sehr vage Vorstellung besaß. Also entschied ich mich für den mathematisch-naturwissenschaftlichen Zug. Über diese Entscheidung war ich sehr froh, denn in den Klassen mit verstärktem Sprachunterricht befanden sich fast nur Mädchen.

Meine schulischen Leistungen waren mittelmäßig, denn fleißig war ich eher nicht. Die Hausaufgaben erledigte ich nicht immer, und wenn, dann nur notgedrungen. Zu Hause pauken war nicht mein Stil. Ich hatte dafür auch wenig Zeit.

Im Unterricht konzentrierte ich mich aber immer voll auf das Geschehen. In den schriftlichen Arbeiten erreichte ich dadurch meistens die Note 2, sodass ich mich im Leistungsranking der Klasse im vorderen Drittel behauptete. Mein Ehrgeiz hielt sich also in Grenzen. Wenn der Lehrer in die Runde schaute, um jemanden zur Leistungskontrolle aufzurufen, versuchte ich häufig, mich dieser durch ein Wegducken hinter meinem Vordermann zu entziehen, da ich wieder mal zu Hause nicht gelernt hatte.

Die Lehrer hatten es mit uns nicht leicht. Besonders der Chemielehrer und der Musiklehrer bekamen es häufig zu spüren. Wenn alle plötzlich lachten und der Chemielehrer nicht mitbekam *warum*, war er so verunsichert, dass er leicht errötete. So inszenierten wir auch manchmal solch eine Situation. Oder: Der Musiklehrer wusste nicht, wie er dem Problem mehrerer Misstöne des Klaviers, die durch einen hineingesteckten Besenstiel verursacht wurden, begegnen sollte.

Wer nun glaubt, ich wäre der Bösewicht, irrt gewaltig. Ich war ein unauffälliger Schüler. Das belegt, dass mich der Chemielehrer erst nach etwa einem halben Jahr Chemieunterricht überhaupt wahrnahm und sehr überrascht über eine wahrscheinlich außergewöhnliche Antwort von mir war.

Die Klasse 12 B1, Abiturjahrgang 1961

Ein Lehrer schien mich besonders in sein „Herz geschlossen" zu haben. Gleich am Anfang machte er mich „rund", weil ich in der 1. Stunde meinen neuen Anorak nicht ausgezogen hatte, da es im Klassenraum für mich zu kalt war. Einige Wochen später stellte er mich vor der ganzen Klasse bloß. Auf die Frage, was ich in meiner Freizeit lesen würde, fiel mir nicht sofort etwas Besseres ein und ich antwortete: „Jaguar 1 kehrt nicht zurück". Das war irgend so ein 30-Seiten Heftchen, das ich gerade las. Ich vergaß nie, wie er mich mit üblen Vergleichen regelrecht „runtermachte". Er war mein Deutschlehrer und später als Deutsch-Fachberater mein Kollege, als ich ebenfalls Fachberater war und zwar für das Fach Sport. Unser Klassenlehrer war ein weit über die Kreisgrenzen hinaus bekannter Ornithologe. Er unterrichtete in unserer Klasse das Fach Biologie. Wenn er mit dem Zug von Köthen nach Aken fuhr, stieg er meistens eine Station zuvor aus, um die Vogelwelt entlang der Teiche, die durch den Abbau von Braunkohle „unter Tage" und den folgenden Absenkungen entstanden waren, zu beobachten.

Ich kam ja vom Lande und war praktisch im flachen und zum großen Teil bewaldeten Urstromtal der Elbe zu Hause. Mehrfach fragte er mich deshalb, ob ich nicht gern mit ihm auf Erkundungstour durch den Lödderitzer Forst gehen würde. Nein, das wollte ich überhaupt nicht! Ich erfand immer wieder Ausreden, weil ich mich mit meinem spärlichen Wissen über die Fauna und Flora nicht blamieren wollte. Ich verbrachte die Zeit lieber beim Sport.

Mit einer kleinen Gruppe von Jungen und Mädchen machten wir die alten Geräte im Saal unserer Kneipe wieder flott und turnten einige Male daran. Mein Klassenlehrer muss das irgendwie mitbekommen haben, denn er bescheinigte mir im Zeugnis der 11. Klasse, dass ich „erfreuliche Initiative auf dem Lande" bezüglich der Organisation des Freizeitsports entwickeln würde. Er wusste allerdings nicht, dass ich damit schon längst wieder aufgehört hatte. Der Aufbau der Geräte machte immer viel Mühe, denn sie waren sehr schwer. Für den Barren existierte kein Transportwagen. Beim Rücktransport vom Parkett der Tanzfläche in den Abstellraum neben der Bühne musste er angehoben werden. Kamen nur zwei, drei Jungen oder Mädchen zum Üben, war das kaum zu schaffen.

Meine Turnfreunde

Deshalb fuhr ich mit meinem Fahrrad auch oft sonntags nach Aken zur Turnhalle. Am Vormittag übten hier die etwas älteren Turner. Sie bildeten den Kern der damaligen Männerriege. Erhard war der Älteste und als Sektionsleiter der Anführer der *Truppe*. Er war der Kleinste. Es wurde erzählt, dass die wesentlich Jüngeren lachten, wenn er bei einem gemeinsamen Kinobesuch vor einem nicht jugendfreien Film als Einziger den Personalausweis zeigen musste. Bekannt war er weithin unter den Turnern als „der kleine König". In der Poststraße führte er die Bäckerei seines Opas. Wenn ich ihn vorstellte sagte ich immer: „Er ist mehrfacher Meister und auch Bäckermeister".

Achim galt als Draufgänger. Im Handstand am Barren machte er häufig mehrere Drehungen und anschließend ein einarmig gestütztes Abgrätschen über einen Holm. Bei Schauturnen oder Sportwerbeveranstaltungen demonstrierte er gerne eine extrem hohe Hechtrolle mit freiem Oberkörper. Bei der Landung auf dem Parkett neben der Matte, krachte es dann total. Auf dem Schulhof der „Penne" stolzierte er in der 12. Klasse in der Pause häufig mit einer Freundin über den Schulhof. Das registrierte ich damals zu Beginn meines 9. Schuljahres. Beeindruckender für mich und sicher auch für andere Schüler war aber sein 1½ Salto vorwärts vom 3-m-Brett beim jährlichen Schulschwimmfest, das Anfang September und häufig bei bereits kühler Witterung im Freibad stattfand. Er war der Einzige der Schule, der das konnte. Mir gefiel dieser Sprung dermaßen, dass ich ihn im folgenden Sommer im Stadtbad von Köthen einfach durch vielfältiges Probieren ohne Anleitung auch erlernte.

Zwei Brüder turnten immer sehr elegant. *Horst*, der Ältere der beiden, pflegte immer ein bestimmtes Ritual, wenn er bei einem Wettkampf am Gerät die Grundstellung einnahm. Dabei flatterte er zuvor unruhig mit den Händen, besonders beim Pferdsprung, der wohl nicht seine stärkste Disziplin war. *Jochen* sprach immer betont hochdeutsch. Er hatte eine gute Figur und turnte im Training oft in enger Badehose, die er bis zur Taille hochzog. Den „Adlerschwung" am Reck hat er oft geübt, aber ich kann mich nicht erinnern, dass er ihn jemals im Wettkampf gezeigt hätte.

Norbert war eher unnahbar, er turnte mit Brille und kam für mich als Intellektueller daher. Mit seinen langen Beinen wirkten die Scheren am Seitpferd besonders elegant. Im Gegensatz zu ihm tat sich *Günther* mit schwungvollem Turnen

In der Schulturnhalle: Zweifache „Unterholmfelge" in den Stütz, Kippe und Handstand

schwerer, er hatte die kräftigsten Oberarme und war der Kraftmensch der Riege.

Erhard M., Herbert, Hans-Georg, Roland und ich gehörten zur Jugendriege. Neben Schauturnen und Städte-Vergleichs-Wettkämpfen mit Calbe/Saale, Dessau und Köthen sowie Traditionsveranstaltungen in Mansfeld nahmen wir an Kreismeisterschaften in Köthen und an Bezirksmeisterschaften in Halle und in Leuna teil. Erhards Spezialitäten am Barren waren die einarmige Stützwaage und der Handstand. An den Ringen turnte er häufig eine Hangwaage. Hans-Georg besuchte einige Jahre die Kinder- und Jugendsportschule in Halle. Neben dem hohen Flick-Flack am Boden ist mir von ihm noch in Erinnerung, dass er sich am Reck im Wettkampf zu schwere Übungen vornahm und diese oft abbrechen musste. So kam ich manchmal zum Sieg, obwohl *ich* nie Leistungssport betrieben hatte.

Meine Übung am Barren begann meistens mit zwei aufeinanderfolgenden Unterholmfelgen in den Stütz mit anschließendem Unterschwung in den Oberarmhang. Danach erfolgte eine Schwebekippe zum Handstand. Schwungvolle Verbindungen, Oberarmstand oder ein gedrückter Handstand fügten sich in unterschiedlicher Reihenfolge ein. Den Abgang bildete häufig der Seithandstand auf einem Holm und ein Abgrätschen.

Gern turnte ich auch lange Schwünge

am Reck. Kraftelemente, z.B. an den Ringen, waren nicht mein Ding. Sprungübungen mit Anlauf vom „Minitramp", also von einem kleinen Trampolin, übten alle besonders gern. Nach hohen Hechtrollen und Saltos landete man auf einer dicken Schaumstoffmatte. Verschiedene Ausführungen der Saltos, wie gehockt, gebückt oder gestreckt waren für Zuschauer effektvoller. Ich schaffte auch den gestreckten Salto mit halber oder ganzer Drehung um die Längsachse, die auch als Schraube bezeichnet wurde. Eine Hilfeleistung zur Sicherung war kaum möglich. Wir bauten sogar in der Turnhalle in Eigenregie eine Deckenlonge ein, diese erwies sich aber auch als wenig hilfreich und wurde sehr wenig genutzt. Konnte man hier auch einen Doppelsalto erlernen?

Wie erlernte ich den Doppelsalto?

Eine „Schnitzelgrube" mit Schaumstoffteilen, die heute in speziellen Turnhallen für eine risikoarme Landung bei schwierigen Sprüngen sorgt, gab es in unserer Turnhalle nicht. Zur Verringerung des Verletzungsrisikos wurde eine zweite Schaumstoffmatte auf die Landestelle gepackt.

Da ich den Sprung 1½ Salto vorwärts vom 3-m-Brett im Schwimmbad bereits beherrschte, war es nur noch ein kleiner Schritt bis zum Erlernen des Doppelsaltos. Nach vielen Übungssprüngen hat man eine gute Orientierung im Raum. Im Wasser taucht man nach 1½ Umdrehungen um die Körperquerachse kopfwärts ein. Auf einem dicken Mattenpolster kann man diesen Sprung mit einem Abrollen auch ausführen. Sehr wichtig ist aber, dass man dabei kurz vor der Landung den Kopf stark zur Brust neigt und mit den Armen, wie bei einer Hechtrolle, den Körper abfängt und abrollt. Aber Achtung! Trotz weicher Matte ist das Verletzungsrisiko sehr hoch, wenn nicht genügend Bewegungserfahrung und Orientierung vorhanden sind.

Einfacher und weniger risikoreich war für mich folgender Zwischenschritt zum Erlernen des Doppelsaltos: Ich führte eine viertel Drehung mehr aus, drehte also etwas weiter als beim 1½ Salto in das Wasser und landete zunächst einen 1¾

Salto fast gestreckt mit dem Rücken auf der Matte. Nach weiteren Sprüngen erfolgte dann die Landung im Hockstand. Damit war der Doppelsalto gelungen. Es ist klar, dass man sich bei zwei Drehungen nicht einfach treiben lässt. Eine viertel Drehung zu viel könnte zu einer Landung auf der Stirn und trotz des weichen Mattenpolster zu schwerwiegenden Nackenverletzungen führen. Vor der Landung muss man den richtigen Zeitpunkt erfassen, die Beine leicht nach vorn dem Boden entgegenstrecken und (wie bei fast jeder Landung im Turnen) den fallenden Körper in einer leichten Hockstellung abfangen.

Heute lernt man Saltos anders. Gegenwärtig sind in nahezu allen öffentlichen Sprunghallen, in speziellen Geräteturnhallen und Trockensprunghallen für das Wasserspringen mit Schaumstoffteilen gefüllte Schnitzelgruben vorhanden. Um genügend Bewegungserfahrung für schwierigere Sprünge zu sammeln, sollten anfangs Sprünge vom Trampolin in eine Schaumstoffgrube in *jedem Falle* genutzt werden.

Ich war der Einzige, der vom Dorf kam. Das hatte für alle auch einen Vorteil. Denn in der Woche, in welcher auf unserm Bauernhof Schlachtefest war, brachte ich zum folgenden Training Brat- und Leberwurst mit in die Turnhalle. Der Bäckermeister König sorgte für die notwendigen Brötchen. So wurde alles gleich in der Turnhalle verspeist. Wir waren eine prima Gemeinschaft, halfen uns gegenseitig und waren auch teilweise privat miteinander befreundet.

Paddeln mit einem Nichtschwimmer

Mein bester Schulfreund war Dieter. Sein Vater arbeitete im EKB (Elektrochemisches Kombinat Bitterfeld). Er verschaffte uns in den Schulferien dort einen Arbeitsplatz. 1959 beschäftigte dieser Betrieb 14 000 Arbeitskräfte und war der größte Chlor- und Kunststoffproduktehersteller der DDR. Mit 16 Jahren konnten wir uns in den Sommerferien drei Wochen beim Entladen von Aluminiumschrott etwas Geld verdienen. In den folgenden Jahren beschäftigte man uns in der Aluminiumgießerei und in der Strangpresserei bei der

Herstellung von Aluminiumprofilen, die z. B. für Fahrradfelgen benötigt wurden.
Einen Teil der Sommerferien nutzten wir beide, um mit einem Paddelboot auf der Elbe die nähere Heimat zu erkunden. Zur Ausrüstung gehörte ein kleines Zelt, in welches gerade mal zwei Luftmatratzen passten. Mit wenigen Kleidungsstücken, aber mit ausreichend Lebensmitteln und einem kleinen Wassertank und Spirituskocher ging es mehrere Tage flussaufwärts. Das Boot war leicht überladen und stellte zudem noch ein doppeltes Risiko dar, denn Dieter konnte nicht schwimmen! Elbaufwärts erreichten wir mit erheblicher Kraftanstrengung gegen die Strömung dennoch nach einigen Tagen Wittenberg. Dort machten wir unter anderem Station bei Dieters Onkel in einer Tischlerei. Er wunderte sich, dass Dieter als Nichtschwimmer auf der Elbe unterwegs war und bereitete uns ein kräftiges Abendbrot. Gestärkt paddelten wir noch einige Tage weiter elbaufwärts. Zwei Kanuten aus Berlin schauten mal bei uns rein. Unser Zelt war ja sehr klein und so niedrig, dass man kaum darin sitzen konnte. Sie meinten: „Det iss aba dufte". Das war am frühen Morgen. Wir waren uns nicht ganz sicher, wie diese beiden das mit dem „dufte" gemeint hatten. Das Zelt war nach dem Aufstehen noch nicht gelüftet worden. Wir lachten noch lange darüber. Die Rückreise mit weniger Last wurde dann erheblich entspannter, zumal uns die Elbe mit einer Fließgeschwindigkeit von etwa 3 bis 4 km/h ohne große Kraftanstrengung schnell wieder zurück in unser kleines Schifferstädtchen brachte.

Tanzen und Freundinnen

Das Erlernen des Tanzens spielt wohl bei vielen Menschen in der Jugend im Kontaktsuchen zum anderen Geschlecht eine gewisse Rolle. Vor 60 Jahren schien das zudem wichtiger zu sein als heute, weil es weit weniger andere Möglichkeiten der Kontaktaufnahme gab. Ich lernte schließlich später auch meine Frau beim Tanzen kennen. Die Teilnahme an einem Tanzkurs wurde für viele Jugendliche nach dem

Schulabschluss nahezu obligatorisch. Ich habe jedoch keine Tanzstunde besucht. Die Gastwirtin unseres Dorfes stellte uns Jugendlichen mehrfach den Saal zur Verfügung. Selbstverständlich kostenlos, d. h. nach den Kosten wurde überhaupt nicht gefragt. Wir legten Schallplatten auf und los ging es. Die zumeist älteren Mädchen brachten den Jungen die ersten Tanzschritte bei. Meine Tanzpartnerin war nahezu einen Kopf größer als ich, aber das machte überhaupt nichts. So lernten wir schnell das Tanzen. Später war sie meine Sportlehrerkollegin in der gleichen Schule. In der Körpergröße hatte ich sie dann überholt.

Mit Fahrrädern, einige ältere Jugendliche besaßen auch schon Mopeds oder Motorräder, suchten wir in Gruppen Tanzabende in anderen Dörfern auf. Es gab öfter Reibereien, da die einheimischen Jungen natürlich ihre Mädchen verteidigten. Gelegentlich passierte es, dass bei unseren Fahrzeugen die Luft von den Reifen abgelassen oder dass ein Benzinschlauch vom Motorrad entwendet wurde. Manchmal flogen auch die Fäuste. Meistens ging es aber glimpflich aus.

Gab es auch Freundinnen? Eher weniger. Ich war ein Spätentwickler und die Mädchen interessierten mich kaum. Einmal fuhr ich mit dem Fahrrad auch allein los und tanzte häufig mit einem etwas älteren Mädchen, sprach sie aber nicht an. Mit einigen Jungen aus dem Dorf machte ich eine Fahrradtour in den Harz und später sogar bis zur Ostsee. Hier bahnten sich Freundschaften an. Es kam zum Austausch von Adressen und Freundschaftsbildern. Man hat einige Karten geschrieben und sich nie wieder gesehen. Gleichaltrige Mädchen in der Klasse nannten mich „Ottchen" und nahmen mich wohl nicht besonders ernst. In einer Schülerzeitschrift, die die Mädchen verfasst hatten, bescheinigten sie mir:

„Otmar, du bist ein toller Mann,

der Sport zieht dich unheimlich an,

doch den Mädchen bleibst du fern,

denn du hast von ihnen keine gern."

Hingegen feierten „Appat", „Schneidrelli" „Siwwi" oder „Siggi" (so die Spitznahmen) und einige andere Klassenkameraden mit den Mädchen aus der Klasse öfter gemeinsam Geburtstagsfeten oder Silvesterpartys, wo auch manchmal Alkohol floss. Ich wohnte ja nicht in der Stadt. Die Auswahl unter den Mädchen im Dorf erschien nicht gerade überwältigend. Weil aber fast alle Jugendlichen im Ort eine Freundin hatten, bemühte ich mich eben auch um ein etwas jüngeres Mädchen. Das geschah nach einem Kinobesuch. Wöchentlich zeigte der „Landfilm" im Saal unserer Kneipe einen Film. Der „Filmvorführer" baute dazu zwei Vorfürgeräte mit großen Filmrollen auf und pünktlich 20.00 Uhr flimmerte ein Film über die aufgestellte Leinwand. Beim Platzsuchen auf den Stuhlreihen mitten im Saal versuchte man einen Platz in der Nähe der Mädchen zu ergattern. Nach einem Kinobesuch brachte ich dann auch ein Mädchen nach Hause.

Ich glaube, ich hatte nur ein einziges Auswahlkriterium: Sie sollte klug, möglichst Klassenbeste sein. Das war schon ein Anspruch! Selbst war ich das wohl nur bis zur 4. Klasse unter wenigen Schülern. Sie war eines von vier Mädchen des Elektrikers unseres Dorfes. Jedenfalls erfüllte sie meine Vorstellung: Sie war sehr schlank und eine gute Schülerin und lud mich zum ersten Mal zu sich nach Hause zu ihrem 16. Geburtstag ein, als ich 17 war. Oder war es der 17. Geburtstag und ich war bereits 18? Ich weiß es nicht mehr genau. Es war aber ganz nett, mehr jedoch nicht. Die sportliche Seite habe ich bei ihr nicht als wichtige Eigenschaft betrachtet. So stellte sich bald heraus, dass wir uns nicht viel zu sagen hatten.

Schießen mit der „Kalaschnikow"

Nach dem Abitur verpflichtete ich mich für zwei Jahre zum Militärdienst. „Das ist doch verlorene Zeit", bemerkten damals einige Mitschüler. Es erwies sich aber als notwendig, damit ich danach einen Studienplatz bekam. Heute betrachte ich diese Zeit nicht als verlorene Zeit. Der tägliche Frühsport mit freiem Oberkörper im Sommer wie im Winter, das Überwinden der Sturmbahn oder 25-km-Märsche mit dem Sturmgepäck auf dem Rücken stellten echte Herausforderungen dar. Das Zusammenleben in einer größeren Gruppe und die allgemeine sportliche Ertüchtigung waren eine gewisse Lebensschule. In Wolfen bei Bitterfeld fand die Grundausbildung statt. Danach wurde unser Regiment nach Pinnow bei Angermünde (in der Nähe von Schwedt/Oder) verlegt. Hinter drei hohen Sicht- und Sicherheitszäunen waren Raketen stationiert. Das war nicht offiziell bekannt. Die Transporte der Raketen fanden „bei Nacht und Nebel" statt. Wir durften nicht darüber reden oder gar in Briefen Vermutungen dazu äußern.

Urlaub bekamen wir selten, so war der Briefwechsel für viele „Mitkämpfer" oft der einzige Kontakt zur Zivilisation. Ich hatte auch eine Brieffreundin. Sie war noch Schülerin der 12. Klasse. Bei einer Faschingsfete im letzten Schuljahr lernte ich sie kennen. Sie war nicht sehr groß, aber attraktiv und kam immer mit tollen Klamotten zur „Penne". Ich nannte sie „Goldzähnchen", da bei ihr beim Reden oder auch beim Lachen ein goldener Zahn im Mund aufblitzte. In den Briefen schrieben wir vorrangig über unsere Tagesabläufe und sportlichen Aktivitäten. Warum mein Interesse erlosch, kann ich nicht mehr rekonstruieren. Ein persönliches Treffen gab es nicht wieder.

Gleich am Anfang mussten wir viel exerzieren. Der Spieß brüllte auf dem Flur herum und kontrollierte die Ordnung in den Zimmern. Die Gruppen- und Zugführer „schliffen" uns beim Marschieren und machten uns mit der Waffentechnik bekannt. Wir lernten das Sturmgewehr „Kalaschnikow", zu dieser Zeit als Maschinenpistole (MPi-K) bezeichnet, kennen. Die Weiterentwicklungen dieser bewährten automatischen Schnellfeuerwaffe werden noch heute (leider!!!) weltweit genutzt.

Für die erste Schulschießübung bekamen wir eine Kalaschnikow mit nach unten abklappbarer Schulterstütze aus Metall und sechs Patronen. Dieses Modell ist wesentlich kürzer und etwas leichter als die gleiche Waffe mit einem Kolben aus Holz, den man fest an die Wange pressen konnte. Das wäre für das erste Schießen besonders wichtig, weil Dauerfeuer geschossen werden sollte. Nach einem genau festgelegten Ablauf, den jeder Schütze unter strenger Aufsicht einzuhalten hatte, kam dann die Ansage des Offiziers, die etwa so hieß: „Schütze Krause, auf Scheibe A zwei Salven Dauerfeuer – Feuer!" Jetzt kam es darauf an, möglichst zwei gleich lange Feuerstöße zu erreichen, indem man den Abzug kurz betätigt und gleichzeitig die Schulterstütze fest an die Schulter zieht. Wird der Abzug zu lange betätigt, erzeugt man nur eine Salve mit allen sechs Schuss. Damit wäre die Aufgabe, zwei Salven abzugeben, verfehlt worden. Außerdem ergibt sich beim Dauerfeuer ein „Auswandern" der Treffer durch ungewolltes „Wegziehen" der Waffe, das in diesem Falle zu wenigen Treffern auf der Scheibe führt.

Ideal wäre, zwei Salven mit je drei Schuss abzugeben. Aber selbst wenn jemand mit einem kurzen Feuerstoß beginnt, darf er bei der zweiten Salve den Abzug nicht zu zeitig loslassen, denn es soll ja keine Patrone übrig bleiben oder eine dritte Salve abgefeuert werden. In der Aufgeregtheit erscheint das kompliziert, aber eigentlich war es ganz leicht: Einmal kurz und einmal lange durchziehen. So erzielte ich das Optimum: Sechs Treffer, zwei mal drei Einschläge auf einer Scheibe und erhielt mit weiteren fünf Soldaten ein Wochenende Sonderurlaub.

Im Nachhinein muss ich feststellen, dass dieses Schießergebnis wohl doch Zufall war. Ich habe nie wieder in meinem Leben so gut getroffen.

Kanonier mit achtzehn Jahren

Was ist ein Empfangsfunker?

Die Ausbildung zum Funker war der Hauptinhalt meines Dienstes. Dazu erlernten wir das Morse-Alphabet und wurden mit der Technik der Telegrafie vertraut gemacht. Man kann kaum glauben wie primitiv die Nachrichtenübermittlung noch vor etwa 55 Jahren im Vergleich zu heute erfolgte. Im Telegrafie-Funk wurden Buchstaben mit Hilfe von Punkten und Strichen dargestellt. Sie bestanden aus einem bis vier Zeichen:

Das „e" wie Emil war z. B. ein Punkt,

das „n" wie Nordpol ein Strich und ein Punkt,

das „l" wie Ludwig ergab sich aus vier Zeichen: ein Punkt, ein Strich und zwei Punkte. Hierbei war es günstig, sich das Klangbild „dit-da-dit-dit" oder „ich-lie-be-dich" einzuprägen.

Das „f" wie Friedrich, waren ebenfalls vier Zeichen: zwei Punkte, ein Strich und ein Punkt. Das Klangbild für „dit-dit-da-dit" möchte ich lieber nicht als Wortspiel wiedergeben, weil es nicht jugendfrei ist (ansatzweise ist das vielleicht vergleichbar mit „küs-se-du-sie").

Eine Eingabetaste verwandelte die Punkte und Striche, die per Hand durch kurzes und etwas längeres Drücken erzeugt wurden, in elektrische Impulse. Mit Hilfe von Funkwellen erreichten sie den Empfänger. Dort zeichnete ein Gerät diese auf oder ein Funker empfing per Kopfhörer kurze und lange Piep-Töne, die er wieder in Buchstaben oder Ziffern umwandelte und aufschrieb. So war die Übertragung von etwa 100 Buchstaben pro Minute möglich. Anfangs war es für mich schwer, möglichst fehlerlos das „Piepsen" in Buchstaben umzusetzen. Als ich dann nach vielen Übungsstunden ein hohes Tempo meisterte, mussten wir alle wieder umlernen.

Wir sollten zur Flugüberwachung eingesetzt werden. Dort wurden aber keine Texte empfangen. Die Erfassung der Positionen von Flugzeugen erfolgte über mehrstellige Zahlen. Jede Ziffer von Null bis Neun besteht im Morse-Alphabet eigentlich aus fünf Zeichen. Man kann die Anzahl der Zeichen jedoch verkürzen und so deren Übermittlung beschleunigen. Die Ziffer „1", die allgemein durch einen Punkt und *vier* Strichen dargestellt wird, kann man z. B. auch durch einen Punkt und *einen* Strich abbilden, also durch nur zwei Zeichen darstellen. Das setzt voraus, dass zuvor vereinbart wurde, dass es sich bei der Übermittlung *nur um Zahlen* handelt. Ansonsten würde es zu Verwechslungen führen, weil der Buchstabe „a" ebenfalls die Zeichen Punkt und Strich besitzt.

Ich wurde *Empfangsfunker,* der auf das Empfangen verkürzter Zahlen spezialisiert war. Im Gefechtsstand saß neben mir ein *Fernsprecher,* der die von mir empfangenen Zahlenkolonnen an einen Planzeichner weitergab. Dieser stand hinter einer durchsichtigen Karte und trug darauf die Positionen der Flugzeuge mit den entsprechenden Daten in *Spiegelschrift* ein, damit diese von vorn für das Überwachungsteam lesbar waren. Aus mehreren Punkten konnten u. a. Flugrichtung und Geschwindigkeit abgelesen werden. Das Ganze stellte für uns eine interessante Betätigung dar, war letztendlich aber nur eine Spielerei, da wir uns nicht im diensthabenden System befanden.

Ich und Gewichtheben?

Eine Sporthalle gab es in unserem Objekt nicht. Einige Möglichkeiten zum Freizeitsport fand ich dennoch: Zunächst machte ich Läufe und beteiligte mich an Wettbewerben über 3 000 m und 5 000 m. Durch einen Zufall fand ich heraus, dass in einer KFZ-Halle auf einem Podest mit mehreren Hanteln für das Gewichtheben ein Offizier, augenscheinlich ein „gelernter" Gewichtheber, trainierte. Ich schloss mich ihm an. Er brachte mir im Laufe der Zeit die richtige Technik bei. Anfangs hob ich gerade mal 50 kg. Mein Ziel, das eigene Körpergewicht zur Hochstrecke zu bringen, war mit einer guten Technik bald geschafft. Das waren ja nur 65 kg. Nach wenigen Monaten konnte ich aber 170 % des Anfangsgewichtes heben und die 50 kg schaffte ich einarmig.

Für mich schmales Kerlchen war folgende Begebenheit schon kurios: Als ich mich über eine 85-kg-Hantel beugte, die Hantelstange ergriff und in die Hocke ging, glaubten Umstehende ich würde einen Scherz machen. Ihre Verblüffung nach dem gelungenen Versuch ist mir bis heute in Erinnerung geblieben. Das klingt sicher protzig. Ein Kraftprotz bin ich durch dieses Training nicht geworden. Das war nicht mein Ziel. Dazu wäre auch viel mehr Zeit erforderlich gewesen. Ich möchte damit aber aufzeigen, was man mit einer guten Technik auch ohne viel Kraft in relativ kurzer Zeit schaffen kann.

Für mich ist die funktionelle Wirkung des regelmäßigen Krafttrainings und die Erarbeitung einer guten Technik bedeutungsvoller als das Vorzeigen von Muskelpaketen. Das heißt, das Erarbeiten von Kraft versetzt mich in die Lage, irgendeine anvisierte sportliche Technik überhaupt ausführen zu können oder es dient der Verbesserung des sportlichen Bewegungsablaufes. Die sichtbare Muskelvergrößerung ist eher ein Nebeneffekt.

Aktionen, die kaum eine körperliche Vorbereitung erfordern und nach kurzer Einweisung praktisch von „Jedermann" ausgeführt werden können, wie z. B.: Tandem-Fallschirmspringen, Bungee-Jumping oder ähnliche Mutproben haben allerdings aus sportlicher Sicht für mich eher einen geringeren Stellenwert. „Hut ab", wenn gerade ältere Menschen den notwendigen Mut aufbringen, so für sich oder mehr noch für ihr Umfeld, ein Zeichen zu setzen. Erstrebenswerter erscheinen mir aber echte Herausforderungen, die nicht „von jetzt auf gleich" nach kurzer Vorbereitung, sondern in zielstrebiger und langfristiger Übungstätigkeit realisiert werden können.

Die Armeezeit in Pinnow Kreis Angermünde ging mit einer großen Abschlussveranstaltung in Angermünde zu Ende. Mit einem Kulturprogramm und anschließendem Tanz verabschiedeten sich die Kanoniere unseres Regiments, bevor es verlegt wurde, von den Mädchen der Stadt. Ich hatte eine hübsche Tanzpartnerin. In meiner Bildersammlung fand ich später ein Bild mit der Widmung:

Als Erinnerung an Deine Partnerin vom Abschlussfest in Angermünde.

Mit dem Bild fand ich auch noch einen Zettel mit folgendem Text:

„In Angermünde wohnt ein Mädchen,

am Sonntag fahr ich zu ihm hin,

Lony heißt das schöne Mädchen,

sie ist Oberschülerin."

Wir hatten zuvor keinen Kontakt zu dieser Stadt, bekamen aber nach der Veranstaltung noch einmal Ausgang. So ist wohl der Text zu erklären.

Kubakrise und 2 ½-facher Salto

Altwarp am Oderhaff hieß eine weitere Station unserer Ausbildung. Uns erschien diese Gegend als das Ende der Welt. Hier „lag der Hund begraben". Zudem waren wir in einem Schlafsaal mit mehr als 60 Personen untergebracht. Zum Glück galt dieser Aufenthalt nur für eine kurze Zeit, denn es erfolgte die Verlegung nach Parchim in Mecklenburg.

Wir fanden aber in Parchim keine Garnison vor, sondern übernachteten teilweise bei Minusgraden in Zelten. Ziel war die Mithilfe beim Aufbau dieses Objektes. Ein eigenartiges Gefühl hatte ich beim „Wache schieben". Jeweils zwei Stunden Bereitschaft, zwei Stunden auf dem Wachposten und zwei Stunden Schlaf wechselten einander über einen größeren Zeitraum ab. Allein an einem Waldstreifen auf einem Wachposten in absolut dunkler Nacht hielt ich mich an meiner Kalaschnikow fest. In einem kleinen Gebiet hin und herlaufend wurde es einem schon ganz schön mulmig, wenn es plötzlich im Gebüsch raschelte. Meistens war es ein kleines Tier oder ein Reh. Man konnte in der Dunkelheit kaum ausmachen was vorging und ich war froh, wenn die Ablösung kam.

Im Sommer hatten wir dann eine relativ lockere Zeit. Die Vorgesetzten forderten nicht immer die vorgeschriebene Kleiderordnung und wir konnten auch sehr oft das Militärgelände verlassen. Wir veranstalteten „ein frohes Jugendleben". Dazu hatte unsere Gruppe Verbindung mit einer Oberschulklasse aus Parchim aufgenommen. Wir bereiteten ein gemeinsames Kulturprogramm vor und konnten selbstverständlich oft für Proben den sogenannten „KDP" (Kontroll-Durchlass-Punkt) hinter uns lassen. Selbst als eine erhöhte Alarmbereitschaft infolge der Kubakrise im Sommer 1962 herrschte, durfte unsere Gruppe zu Aufführungen des Programms nach Parchim. Mich hatte man für eine Rezitation vorgesehen. Textsicherheit war nicht unbedingt meine Stärke. Einen „Hänger" beim Gedichtvortrag während einer Veranstaltung wusste ich zu überbrücken, indem ich (ohne dass es auffiel) einfach eine Strophe wiederholte.

Ich fand auch noch eine Möglichkeit, eine weitere persönliche sportliche Herausforderung zu meistern. In der Nähe des entstehenden Objektes in Parchim befand sich ein kleiner See mit einem Sprungbrett. Dieses Holzbrett war etwas höher als 3 m und eignete sich mehr oder weniger gut für Sprünge in das Wasser. Häufig wiederholte ich den Sprung 1½ Salto vorwärts. Mein Ziel war aber der 2½ Salto.

Den Doppelsalto war ich ja schon öfter vor meinem Wehrdienst vom „Minitramp" in der Turnhalle gesprungen. Ich besaß auch die notwendige Sicherheit und Orientierung. Nun nahm ich meinen Mut zusammen und sprang etwas nach vorn und so hoch, wie ich konnte und wie es das Holzbrett zuließ. Kurz vor dem höchsten Punkt der Flugkurve riss ich die Arme aus der Hochhalte kräftig nach vorn unten. Ich hockte die Beine an und griff zu den Unterschenkeln. Die kräftige Armbewegung und das folgende Abbremsen dieser Bewegung sorgten für eine Impulsübertragung auf die Vorwärtsrotation des Körpers. Das Ergreifen der Unterschenkel diente dazu, die Hocke noch enger zu ziehen. Macht man das nicht, öffnet sich diese enge Haltung infolge der Fliehkraft automatisch. Dadurch verringert sich die Drehgeschwindigkeit um die Breitenachse des Körpers möglicherweise so stark, dass der Sprung misslingt. Man landet dann vielleicht nach 2¼ Drehung auf dem Gesicht oder plumpst, ohne die Streckung für das Eintauchen vorzubereiten, kopfwärts in das Wasser. Ich konzentrierte mich vor allem auf den Armschwung und die enge Hocke während des Fluges und zählte die Drehungen in Gedanken mit, etwa so: „Und – eins – zwei – strecken". Ich tauchte nahezu gestreckt kopfwärts ein und war glücklich.

Wenn du mich zwickst, dann küss' ich dich

Das Jahr 1963 sollte ein entscheidendes Jahr in meinem Leben werden, wichtige Stationen waren:

- die Aufnahmeprüfung an der Sporthochschule Leipzig,

- das Kennenlernen meiner späteren Frau,

- die vorzeitige Entlassung aus dem Wehrdienst,

- die Arbeit als Schmelzer in Bitterfeld,

- der Erwerb der Fahrerlaubnis,

- das Trainingslager in Pirna,

- die Teilnahme am IV. Turn- und Sportfest in Leipzig,

- das Erntelager der Studenten,

- der Beginn des Hochschulstudiums.

Nachdem ich während meines Dienstes in Parchim die zweitägige Aufnahmeprüfung an der DHfK (Deutsche Hochschule für Körperkultur) in Leipzig bestanden hatte, bekam ich eine Woche nach Ostern das letzte Mal Urlaub. Im Heimatdorf war Tanz. Natürlich war ich dabei.

Eine Tanzveranstaltung vor etwa 60 Jahren in unserem kleinen Dorf kann man sich so vorstellen: Zur einzigen Gaststätte gehörte ein Saal, in welchem etwa 200 Personen Platz fanden. Die Stirnseite bildete eine Bühne. Dort saß eine kleine Blaskapelle und sorgte für die entsprechende Stimmung. An beiden Seiten der Bühne waren auf Leinwänden lebensgroße Diskuswerfer der griechischen Antike dargestellt. Rechts hatten an langen Tischreihen quer zur Tanzfläche vorwiegend verheiratete Paare Platz genommen. Die Mädchen des Dorfes und auch einige der Nachbarorte saßen auf der linken Seite des Saales direkt an der Tanzfläche auf einer langen Bankreihe ohne Tische. Neben der Theke, gegenüber der Bühne, stand einer der beiden großen „Kanonenöfen", die im Winter den Saal „aufheizten". In dieser Ecke saßen in schwarz gekleidete ältere, alleinstehende Damen und Witwen als Zuschauer, die das Geschehen im Saal genauestens verfolgten. Die jungen Burschen hatten keinen Sitzplatz. Sie standen an der Theke herum und tranken Bier. Sobald die Musik einsetzte stürmten sie los, um eines der Mädchen zum Tanz aufzufordern.

Während dieser Tanzveranstaltung lernte ich ein junges Mädchen kennen. Sie war mit ihrem „allerbesten Schulfreund", zu welchem ihre Eltern großes Vertrauen hatten, zum Tanz aus dem Nachbardorf gekommen. Sie war hübsch und nett, hatte ein schönes Kleid an und konnte gut tanzen. Es stellte sich heraus, dass sie nicht nur klug, sondern auch sportlich war. Sie stand vor der Ausbildung zur Unterstufenlehrerin und wollte später auch Sport unterrichten. Ich tanzte oft mit ihr. In einer Tanzpause trafen wir und auf dem Hof der Gastwirtschaft. Dabei kam mir ein Gedanke: Ein Freund von mir nutzte eine nette Art, um seine Freundin mit dem ersten Kuss nicht zu überrumpeln, indem er zu ihr sagte: „Wenn du

Zwei sehr Verliebte (16 und 20)

mich zwickst, dann küsse ich dich". Sie zwickte ihn und er küsste sie. Doch dazu kam es bei uns nicht. Während des Gesprächs drückte sie mir plötzlich völlig überraschend einen Kuss auf die Wange. Ich war sofort verliebt. Nach den anschließenden flotten und fröhlichen gemeinsamen Tanzrunden erklärte ich ihr dann auf ihrem 3 km langen Nachhauseweg den Sternenhimmel. Wo ihr Schulfreund abgeblieben war wussten wir beide nicht. Am folgenden Tag musste ich jedoch wieder zum Militär. Aber nur noch für eine Woche.

Obwohl sich die meisten von uns zu zwei Jahren Dienst verpflichtet hatten, sollten wir nicht wie vorgesehen im August, sondern bereits im April entlassen werden. Der Grund war die Einführung der *Wehrpflicht* während der Zeit meines Dienstes. Sie umfasste 18 Monate, die ich schon abgeleistet hatte. So wurde ich vorzeitig entlassen, denn die „80-Mark-Soldaten", wie wir die Neuankömmlinge bezeichneten, waren „billiger". Die „Freiwilligen" erhielten immerhin 270 und im zweiten Dienstjahr als Gefreite 300 Mark im Monat.

Einschlafen auf dem Fahrrad

Bis zum Beginn des Studiums im Herbst verblieb mir somit viel Zeit, mich häufig mit meiner Freundin zu treffen und mir einen Job zu suchen. Ich wollte mir dann ein Fahrrad kaufen, die Fahrerlaubnis und später ein Motorrad erwerben. Die Arbeitsbedingungen im EKB in Bitterfeld kannte ich ja schon aus meinen Ferieneinsätzen. Ich fand dort auch sofort für vier Monate Arbeit. Mit einem Kumpel teilte ich mir ein Zimmer im Ledigen-Wohnheim.

Das EKB beherbergte den einzigen Hüttenaluminiumbetrieb der DDR. Ich arbeitete in Schichten an Schmelzöfen in der Aluminiumschmelzerei. Dort wurde Aluminiumoxid, das aus dem Aluminiumerz Bauxit gewonnen wurde, bei etwa 1 000 Grad mit Hilfe von elektrischem Strom geschmolzen und zu metallischem Aluminium reduziert. Jeder Arbeiter war für mehrere Elektrolysezellen verantwortlich. Das war ein harter Job und nicht ungefährlich. An der Oberfläche der Schmelzflüssigkeit bildete sich ständig eine Kruste. Die Arbeit bestand darin, mit einer schweren zwei bis drei Meter langen Eisenstange diese Kruste zu durchbrechen. Es war in der Werkhalle nicht nur sehr heiß und trocken, sondern auch sehr staubig, deshalb hielten wir uns zeitweilig an den geöffneten Hallentoren auf. Getränke wie Milch und Wasser standen dort ständig bereit, um für die beanspruchten Atemwege etwas Linderung zu erreichen. In der hinteren Ecke der Halle war es am wärmsten. Da ich der Jüngste unter den Arbeitern war, durfte ich oft tätig werden, wenn in diesem Bereich ein Ofen „funkte". Durch ein Lichtzeichen signalisierte der Schmelzofen, dass die Schlackeschicht durchbrochen werden musste. Also „stiefelte" ich mit der schweren Eisenstange los. Soviel geschwitzt und getrunken habe ich in meinem Leben zum Glück nie wieder.

Ich fand noch Zeit, etwas mit den Turnfreunden aus Bitterfeld zu trainieren, um mich auf einen Turnwettkampf gegen eine Mannschaft aus Potsdam vorzubereiten. An den Wochenenden, wenn ich keine Schicht hatte, fuhr ich mit dem Fahrrad meines Bruders (ein Eigenes hatte ich noch nicht) nach Hause. Das war aber immer nur ein Kurzbesuch, um schmutzige Wäsche abzuliefern, denn ich wollte ja schnell zur Freundin. Mein Bruder, der noch auf dem Hof der Eltern arbeitete, scherzte mehrfach: „Das nächste Mal werden wir dir das gebügelte Hemd schon an der Hoftür aufhängen, damit das Umziehen keine Minute länger dauert!"

Zwischen einer Nachtschicht, die am Sonnabend begann und einer Frühschicht am folgenden Montag trug sich für mich heute Unglaubliches zu:

Nach der Nachtschicht fuhr ich ohne zu schlafen zu dem Turn-Vergleichswettkampf nach Köthen. Ich startete für die Kreisauswahl. In dieser Riege waren unter anderen mit Manfred und Achim zwei Leistungssportler vom ASK (Armeesportklub) vertreten. Die Potsdamer waren ohnehin stärker und gewannen diesen Wettkampf. Ich belegte unter den 18 Turnern Platz 9.

Danach fuhr ich zu meiner Freundin nach Lödderitz (im damaligen Bezirk Magdeburg). Am Tage kam ich somit nicht zum Schlafen und in der folgenden Nacht auch nicht. Wir waren am Abend tanzen und danach fuhr ich gleich wieder zur Frühschicht. Die 44-km-Strecke zwischen Lödderitz und Bitterfeld bewältigte ich auf wenig befahrenen Landstraßen und teilweise auf einigen Feldwegen mit dem Fahrrad normalerweise in knapp zwei Stunden. Doch diese Fahrt dauerte länger. Weshalb?

Ein Brief gibt die Antwort darauf. In den folgenden vier Jahren während meines Studiums sollten es fast 800 Briefe werden, die zwischen Leipzig und Staßfurt, dem Studienort meiner Freundin, hin und her pendelten. Das weiß ich so genau, weil sie zum Ende ihres Studiums meine Frau wurde. Die etwa 400 Briefe, die ich ihr schrieb, hat sie lückenlos aufbewahrt. Oh je! 400? – So ungewöhnlich wie das heute erscheinen mag, war es damals nicht. Das sind durchschnittlich zwei Briefe pro Woche. Dadurch habe ich heute die Möglichkeit, einige Ereignisse authentisch wiedergeben zu können.

Bitterfeld, 17.6.63

Liebe Elli,
ich schätze mich glücklich, noch zu den Lebenden zu zählen. „Warum?", wirst du fragen. Ja, die Radfahrt heute morgen hier her war noch mehr als lebensgefährlich. Von Lödderitz bis Kühren drohte noch keine Gefahr. Meine Gedanken waren zwar auch nur zur Hälfte beim Fahrradfahren (der andere Teil war noch bei Dir), aber bis Kühren kommt man ja auch so. Kritisch wurde dann der Abschnitt bis Aken. Ich hätte nie gedacht, wie schön man auf dem Fahrrad schlafen kann. Nur das Erwachen ist nicht immer sehr angenehm. Mehrmals kam ich von der Straße ab. Einmal fuhr ich sogar durch den Straßengraben. Durch diesen Schreck wurde ich wieder so einigermaßen wach und kam gut durch die Stadt. Die Strecke nach Kleinzerbst kostete mich sehr viel Kraft, weil ich mich dermaßen zusammennehmen musste, um nicht einen Salto in den (mit Wasser gefüllten) Graben zu machen. Einen Meter vor der Uferböschung kam ich einmal gerade noch zum rettenden Sturz.
Ja, liebe Li, glaube mir bitte, was ich hier schreibe ist nicht maßlos übertrieben oder gar gesponnen, sondern es sind

Halle-Saale   Pädagogisches Institut

Liebe Elli,

ich schätze mich glücklich, noch zu den Lebenden zu zählen. "Warum?" wirst Du fragen. Ja, die Radfahrt heute morgen hier her war noch mehr als lebensgefährlich. Von Löbderitz bis Kühren drohte noch keine Gefahr. Meine Gedanken waren zwar auch nur zur Hälfte beim Fahrradfahren (der andere Teil war noch bei Dir), aber bis Kühren kommt man ja auch so. Kritischer wurde dann der Abschnitt bis Aken. Ich hätte nie gedacht, wie schön man auf dem Fahrrad schlafen kann. Nur das Erwachen ist nicht immer sehr angenehm. Mehrmals kam ich von der Straße ab. Einmal fuhr ich sogar durch den Straßengraben. Durch diesen Schreck wurde ich wieder so einigermaßen wach und kam gut durch die Stadt. Die Strecke nach Kleinzerbst kostete mir sehr viel Kraft, weil ich mich dermaßen zusammenreißen mußte, um nicht einen Salto in den (mit Wasser gefüllten) Landgraben zu machen. Einen Meter vor der Uferböschung kam ich einmal gerade noch zum rettenden Sturz. Ja, liebe Li, glaube mir bitte, was ich hier schreibe ist nicht maßlos übertreiben oder gar gesponnen, sondern es sind Tatsachen. Ich kann nur froh sein, daß fast kaum Verkehr auf der Straße war. Es war wirklich eine sehr gefährliche Fahrt. Das Einschlafen erfolgte in immer kürzeren Abständen obwohl ich mich unheimlich zusammennahm; durchschnittlich mußte ich mich etwa aller 200 bis 300 m am Straßenrand abfangen. Die Richtungs-

100

Tatsachen. Ich kann nur froh sein, dass fast kaum Verkehr auf der Straße war. Es war wirklich eine sehr gefährliche Fahrt. Das Einschlafen erfolgte in immer kürzeren Abständen, obwohl ich mich unheimlich zusammennahm; durchschnittlich musste ich mich etwa aller 200 bis 300 m am Straßenrand abfangen. Die Richtungsänderung spürt man nicht, aber der plötzliche Übergang von der Straße auf den Sandweg oder Grabenrand ließ mich jeweils erwachen und dann hieß es, schnell zu reagieren. Einen Baum rammte ich nur ein einziges Mal und in einem Dorf fuhr ich einmal seitlich gegen eine Mauer. Ernsthaften Schaden erlitten wir beide (das Fahrrad und ich) dabei jedoch nicht. Die letzten Kilometer von Wolfen bis zum Ziel schlief ich nicht wieder ein. Nach 3-stündiger Fahrt erreichte ich dann Bitterfeld. Zum Glück fuhr ich rechtzeitig los. Von 4.30 Uhr bis 5.00 Uhr wollte ich dann noch etwas schlafen. Ich überhörte natürlich das Klingeln des Weckers und kam zum ersten Male zu spät zur Arbeit. Wie ein geprügelter Hund schlich ich durch die Ofenhallen und schwor mir gleichzeitig, dass sich solch eine Fahrt nicht wiederholen soll. So etwas habe ich wirklich noch nicht erlebt und die Fahrt wird mir stets in Erinnerung bleiben. Ich hielt es deshalb für notwendig, dir das alles kurz mitzuteilen. Es ist klar, dass ich heute den Rest des Tages verschlief, aber zum Training ging ich trotzdem, sonst wäre ich wohl jetzt auch kaum wach genug, um einen Brief zu schreiben. Das Wochenende war nicht nur vielseitig, sondern auch abenteuerlich und interessant: Arbeit, Sport und Vergnügen in großen Portionen, nur der Schlaf kam etwas zu kurz. Hoffentlich verlief der Montag bei dir etwas angenehmer …

An das Arbeiterleben hatte ich mich allmählich gewöhnt. Aber zu vielen gemeinsamen Wochenenden mit meiner Freundin, wie ich zuvor glaubte, kam es dann kaum. Wettkämpfe oder Kampfrichtereinsätze und vor allem mehrwöchige Lehrgänge stellten unsere Beziehung schon auf die Probe. Zeit benötigte ich zudem für die Vorbereitung der theoretischen und praktischen Prüfungen der Fahrerlaubnis, die ich in Bitterfeld absolvierte. Da ich auch noch im August am IV. Deutschen Turn- und Sportfest in Leipzig als Aktiver in der Sportschau der Bezirke Halle und Magdeburg teilnahm, fand dazu ein drei Wochen dauerndes Trainingslager in Pirna statt. Während des Sportfestes war unser Übungsverband dann noch eine Woche in einer Schule in Leipzig untergebracht. Der Vorteil für mich: Ich besaß bis Ende August einen Arbeitsvertrag in Bitterfeld. Ich ließ mich vom Betrieb zum Sportfest delegieren und bekam diese vier Woche sogar bezahlt. Dazu kam noch im September das Erntelager der angehenden Studenten.

Das Sportstudium an der DHfK

Unmittelbar vor dem Beginn des Studiums lernte sich unsere Seminargruppe bereits bei der Kartoffelernte in Mecklenburg kennen. Meine Freundin war ebenfalls in einem Erntelager in einem Dorf bei Staßfurt. Das waren noch einmal vier Wochen ohne Wiedersehen, nur mit Briefkontakt. Ab dem 1.10.1963 begann dann offiziell mein Studium an der DHfK in Leipzig.

Leipzig, am 2.10.63

Liebe kleine Li!
Hoffentlich bist du nun nach deinem Ernteeinsatz in Neundorf in Lödderitz gut angekommen. Entschuldige bitte, wenn ich dich infolge des turbulenten Trubels an der Hochschule und der vielen neuen Eindrücke (fast!) vergaß. Dass ich dich noch nicht ganz vergessen habe, beweist wohl dieser Brief. Seit gestern bin ich also Student. Die Aufnahmefeier hat mich tief beeindruckt und hoffentlich bleiben die guten Vorsätze, die ich mir in dieser Stunde machte, nicht nur Vorsätze.
Heute ging es praktisch voll los. 7.00 (!) Uhr begann die erste Vorlesung. Ich erwischte im Hörsaal einen guten Mittelplatz. Die Philosophie machte uns gleich den ersten Tag etwas abwechslungsreicher. Mir hat die erste Vorlesung ganz gut gefallen, aber bekanntlich kommt ja das „dicke Ende" erst später.

Unser Zimmer bekam noch Zuwachs. Günter ist jetzt auch in meinem Zimmer. Es ist „zum Auswachsen" hier: 7 Mann, 2 ½ Schränke, 2 Tische und 5 Stühle, so sieht unsere „Wohnung" aus. Somit ist die Stimmung hier nicht gerade gut. Hätte ich geahnt wie teuer unsere Schulbücher und unsere Ausrüstung werden, hätte ich bestimmt kein Motorrad gekauft (aber ich verkaufe es deshalb noch lange nicht!!!). Morgen gibt es wieder harte Brocken: Leichtathletik (ein 1 500-m-Überprüfungslauf), weiterhin Geschichte, Anatomie und Kampfsport sowie Biomechanik (7.00 bis 15.30Uhr!) ...

So zog sich die Ausbildung zum Diplomsportlehrer über 4 Jahre hin. Vorlesungen, Seminare, Prüfungen und Sportpraxis gestalteten das Studium jedoch sehr abwechslungsreich. Hinzu kamen mehrwöchige Lehrgänge und Lager, wie Skilager, Wasserfahrsport und Touristik und Militärlager. Schwerpunkte in der sportpraktischen Ausbildung bildeten die Grundsportarten Leichtathletik, Schwimmen und Turnen. So mussten Prüfungen und Testate, z. B. auch im Diskuswurf, im Stabhochsprung oder im Schwimmen im Schmetterlingsstil abgelegt werden. Die Sportspiele: Volleyball. Handball. Basketball und Fußball machten da schon etwas mehr Spaß. Durch Kurzlehrgänge bekamen wir auch Einblicke in die Kampfsportarten Boxen, Ringen und Judo. Selbst die Technik des Fechtens mit dem Florett blieb uns nicht ganz unbekannt. Interessant und leicht zur Gaudi wurden für die Männer die Gymnastikstunden bei Herrn Bunsel, ein Leichtgewicht mit markanter sonorer Stimme. Zur Prüfung mussten wir eine schwungvolle Übung mit einem Eisenring mit einem Durchmesser von etwa 20 cm nach Musik vorführen! Das sah meistens nicht elegant aus. Besonders die Fußballer in unserer Seminargruppe taten sich schwer in diesem Metier.

Wasserfahrsport und Touristik fanden in einem Lehrgang in der Feldberger Seenlandschaft südlich von Neubrandenburg statt. Auf dem dortigen Haussee und dem Breiten Luzin paddelten wir im Kajak und im Kanadier und mussten beim Segeln eine Wende und eine Halse beherrschen. Schwerpunkt in der Touristik waren Orientierungsläufe mit Karte und Kompass im Waldgelände nahe dem Lager in Feldberg. Das Rudertraining im schmalen und damit äußerst kippeligen Rennruderboot konnten wir dann wieder in Leipzig im Elsterbecken unmittelbar neben den Sporthallen der DHfK absolvieren.

In meiner Diplomarbeit analysierte ich im letzten Studienjahr den Salto rückwärts gestreckt mit ganzer Drehung um die Längsachse vom Reck, die sogenannte „Mühle" des erfolgreichen Turners Matthias Brehme. Deshalb schaute ich mir oft das Training der Leistungsturner des SC DHfK an. Unter dem Trainer Jochen Nonnast trainierten einige Mitglieder der Turn-Nationalmannschaft wie auch Matthias Brehme in den Hallen unserer Hochschule. Er

Als Student mit dem selbstverdienten Motorrad

war so alt wie ich und studierte auch an der DHfK. Matthias absolvierte danach noch ein Medizinstudium.

Einige Male saß ich im Hörsaal neben Klaus Köste. Er erwarb wie viele bekannte Spitzensportler über einen größeren Zeitraum verteilt extern ebenfalls das Sportlehrerdiplom. Zu dieser Zeit war er bereits mehrfacher DDR-Meister im Turnen am Reck und am Boden und wurde einige Jahre später sehr bekannt durch den Olympiasieg von München 1972 im Pferdsprung. Im fortgeschrittenen Alter von über 60 Jahren machte er noch Saltos und Flickflacks in der „Akademischen Senioren-Turnriege" beim „Alten-Knackertraining", wie er es selbst nannte, in der August-Schärtner-Halle der ehemaligen DHfK, der jetzigen Sportwissenschaftlichen Fakultät der Universität Leipzig. Leider verstarb er viel zu früh.

Unsere Seminargruppe bestand insgesamt aus 16 bis 18 jungen Männern. Unter ihnen mehrere Leichtathleten, Turner und Fußballspieler sowie „Allrounder", die keiner bestimmten Sportart zuzuordnen waren. Ein im Sport sehr vielseitiger Grieche und ein Fußballspieler aus Guinea vervollständigten die „Truppe".

Seminargruppe A1 der DHfK (Deutsche Hochschule für Körperkultur) Leipzig im Jahre 1963

In meinem Zimmer war ich mit einem Handballer, einem Volleyballspieler, einem Zehnkämpfer, zwei Turnern und einem Allrounder zusammen. Den engsten Kontakt hatte ich zu Günter, dem Handballer aus Merseburg. Er spielte zuvor in der Jugendauswahl und war ein guter Leichtathlet. Wir trafen uns beim Camping mit unseren Freundinnen am Fürstensee bei Neustrelitz in Mecklenburg oder an der Ostsee zum gemeinsamen Urlaub.

Der Volleyballer Siegfried Köhler erwarb das Abitur in der EOS „Schulpforte" bei Naumburg. Mit einer Freundin meiner Freundin aus Staßfurt hatte er Briefkontakt. So feierten wir einige Male zusammen, unter anderem in Lödderitz einen Geburtstag meiner Freundin. Als Co-Trainer der Frauennationalmannschaft der DDR im Volleyball machte er sich einen Namen, als er bei den Olympischen Spielen 1976 in Montreal den 6. Platz belegte. Er schickte mir eine Karte vom Ort seines Triumphs. Von 1990 bis 1998 war er dann erfolgreicher Trainer der Deutschen Nationalmannschaft der Frauen.

Der Zehnkämpfer Heinz kam aus Lübs in der Nähe von Parchim, wo ich meinen Wehrdienst abgeleistet hatte. Die Turner waren Bernd und Rainer.

Allrounder Wulf-Dieter belegte, wie auch ich, das Wahlfach Turnen und wurde Turntrainer.

Mit der Filmkamera im Seminar „Foto/Film"

Doppelhandstand mit Bernd

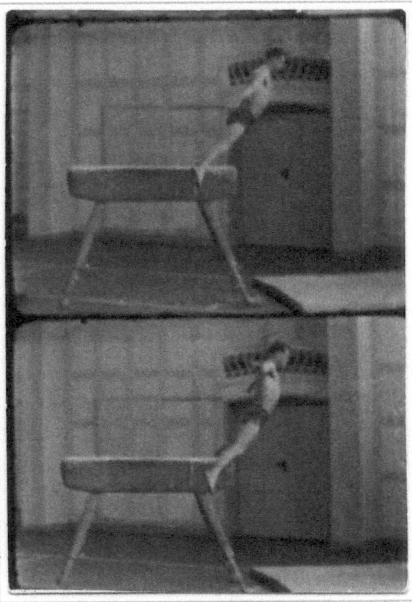

Filmsequenzen: Abgang vom Barren und Grätsche über das Pferd

Gewagter „Gruppensprung"

Dass es in unserem Internat in der Gohliser Straße turbulent zuging, zeigt folgendes Beispiel: Direkt unter unserem Zimmerfenster im 1. Stock befand sich eine Straßenbahnhaltestelle. Erst wenn morgens die Bahn quietschend zum Halten ansetzte, stürmte einer nach dem anderen die Treppe hinunter, um die Bahn zu erreichen. In einem weiteren Zimmer auf unserer Etage war noch ein Teil einer anderen Seminargruppe untergebracht. Wenn alle in Richtung Hochschule gleichzeitig aufbrachen und zwei bis drei Stufen überspringend hinunter polterten, war das eine lautstarke Aktion. Noch gefährlicher gestaltete sich manchmal der Ausstieg aus der Straßenbahn an der Hochschule. Normalerweise nutzten wir dazu die Haltestelle in der Friedrich-Ludwig-Jahn-Allee an der Festwiese vor dem Zentralstadion. Der Eingang zu den Hörsälen und Sporthallen befand sich damals an der Westseite der C-Halle. Deshalb stiegen wir einige Male nicht an der Haltestelle, sondern bereits vorher oder auch hinterher aus und machten einen unerlaubten „Gruppensprung", allerdings nicht bei voller Fahrt. Mit Blick in Fahrtrichtung und einem Beinschwung des rechten Beines nach hinten und kräftigem Armabdruck links versuchten wir einen Teil der Geschwindigkeit zu kompensieren und bei der Landung nach sehr schnellen Schritten zum Stehen zu kommen. Um einen gefährliche Sturz zu vermeiden, folgte manchmal sogar eine ungewollte Rolle vorwärts.

Solche Ereignisse konnte ich nach der „Einschlafstory" meiner Freundin natürlich nicht mehr mitteilen, denn es gab damals für die Fahrradtour nach Bitterfeld heftige Vorwürfe. Aber hier ist noch eine andere amüsante Geschichte:

Leipzig, 15.12.1963

… Am Freitag ereignete sich zum Beispiel folgendes: Wir kamen auf die blödsinnige Idee, jemanden, der nicht spurt, einfach an die frische Luft zu setzen. Wir lagen alle bereits im Bett. Das Licht brannte noch und niemand fühlte sich ver-

pflichtet, es auszuschalten. Nur Dieter käme dazu in Frage, da sein Bett am weitesten vom Schalter entfernt steht! Wir waren uns also alle einig. Dieter hatte verständlicherweise nicht die geringste Lust, noch einmal aufzustehen. Du hättest aber sehen sollen, wie schnell er aus dem Bett sprang als wir uns alle aufrichteten und riefen: „Wenn du das Licht nicht sofort löschst, findest du dich mit deinem Bett auf dem Flur wieder!" Diese Aufgabe war also erledigt. Doch kurze Zeit später ertönte vom Nachbarzimmer Musik. Wir waren uns wieder einig, dass auch unser Radio eingeschaltet werden müsste. Wer käme dafür in Frage? – Natürlich nur Dieter. Dieser hatte allerdings „die Nase schon voll" und reagierte nicht auf unsere erneute Warnung. Außerdem nahm er an, dass wir viel zu faul wären, die Drohung in die Tat umzusetzen. Wir ließen unserem Freund Zeit, indem wir langsam bis Zehn zählten, damit er die Aufgabe erfüllen konnte. Nichts tat sich. Doch kaum war die letzte Zahl ausgesprochen, als das Bett gepackt wurde und im Flur seinen neuen Platz fand. Dieter rettete sich schnell in das leere Nachbarbett und war über diese Reaktion der „müden Geister" recht verdutzt. Nun war dieses Bett ein Doppelbett. Als Siegfried kurze Zeit später vom Training kam, stellte er erstaunt fest, dass sein Bett verschwunden war. Es gab einen anständigen Krach, so dass wir alle erwachten. Gemeinsam brachten Siggi und Dieter die Sache wieder in Ordnung.

Am nächsten Tag in der Anatomie-Vorlesung ging das Gerücht um, dass zwei Studenten des Seminars A1 auf dem Flur erwachten, ohne selbst etwas von dem unfreiwilligen Umzug gemerkt zu haben ...

Gedicht an eine 17-Jährige

In der Freizeit gab es neben dem Besuch von Sportveranstaltungen auch kulturelle Höhepunkte und andere Treffs. Schließlich gab es in Leipzig nicht nur vielfältige Sportstätten und das Zentralstadion für 100 000 Zuschauer, sondern auch Oper, Theater und Kabarett und nicht zu vergessen: Auerbachs Keller und Nachtclubs. Unweit unseres Internats befand sich eine von uns häufiger besuchte Kneipe. Es wurde erzählt, dass ein Student dort sogar fast seine gesamte Diplomarbeit geschrieben hätte. Meistens waren wir Studenten unter uns, häufig gemeinsam im Kino. Die Freundinnen trafen wir vorwiegend am Wochenende in den Heimatorten.

**Mit Freundin und „Jawa CZ 175"
zum Goldberger See**

**Erster gemeinsamer Urlaub
an der Ostsee**

Zwischendurch wurden dann von Leipzig in alle Richtungen Briefe mit unterschiedlichsten Inhalten verschickt. Wer schreibt aber heute noch Gedichte? Mit Hilfe einiger „Anleihen" aus „echten" Gedichten entstand in einer besinnlichen Stunde vor etwa 55 Jahren ein Gedicht (ohne künstlerischen Anspruch!) an eine 17-Jährige:

An Dich!

Der Abend verrinnt – es beginnt die Nacht.

Was hat mich mich um den Schlaf gebracht?

Im Geiste formt sich ein natürliches Bild,

ich sehe Dein Antlitz zart und mild.

Schon die Silhouette des Körpers imponiert,

das Übrige wird durch Gedanken initiiert.

Ich seh' Dein Gesicht wie im Mondenschein.

grad' so, als müsst' Du jetzt bei mir sein.

Das Gesicht, besonders Augen und Mund

sprechen zu mir just in dieser Stund'.

Selbst der Augenbrauen kesser Schwung

mir sagt: „Bin ich nicht hübsch und jung?"

Das Grübchen auf der linken Wange –

ein Zeichen des Frohsinns von erstem Range.

Die Lippen – es kann nicht anders sein –

laden zum herrlichen Kuss mich ein.

Von der Frisur zu sprechen, fällt mir schwer,

denn schönes Haar, das lieb' ich sehr.

Ein Teil des Charakters ist die Frisur:

Fass bitte nicht an – und schaue nur!

Doch wird man schon vom Sehen satt?

Das Haar – ja nach dem Rendezvous noch glatt!

Wie gern die Händ' durchs Haar würden gleiten,

was denkst Du? – Ist das ein Thema zum Streiten?

Dein warmer Atem wirkt berauschend.

Dem schnellen Schlag des Herzens lauschend

finde ich mich in der Wirklichkeit zurück:

An Dich zu denken, welch ein Glück!

Das Einschlafen will nun nicht gelingen,

hilft nichts, als aus dem Bett zu springen.

Die Schreibutensilien liegen ja noch hier –

schnell bring ich das Gedachte zu Papier.

Gute Nacht!

Meine Freundin las öfter Horoskope. Ich halte wenig davon. Irgendwo habe ich jedoch einmal gelesen, dass Wassermänner ihrer Zeit zehn Jahre voraus wären. Für mich trifft das mit Sicherheit nicht zu, weil meine Freundin häufig behauptete, ich sei langsam. Oft würde der „Groschen" bei mir recht spät fallen. Kann ja sein, aber manchmal habe ich auch gewisse Vorahnungen. Wie z. B. in einem Brief vor fast 55 Jahren. Ich sah folgendes „voraus":

Leipzig, am 16.12.1963

Liebste Li! Ich danke dir recht herzlich für deine Post. Zwei solch dicke Briefe an einem Tag erhielt ich bisher wirklich noch nicht. Wenn ich überlege, dass du den einen Brief erst in den letzten Stunden des Sonntags beendet hast und dieser am Montag schon am Mittag von mir gelesen war, könnte man fast glauben, um ein Haar wären deine Gedanken mit meinen beim Lesen zusammengefallen. Du wirst meinen, dass dies nicht möglich wäre, wenn die Post auch noch so schnell arbeiten würde. Vielleicht ist es aber doch möglich? Ich meine in nicht allzu ferner Zukunft. Oder glaubst du, dass sich Verliebte im Jahre 2000 auf unsere primitive Art Gedanken austauschen? Wir müssen leider hiermit vorlieb nehmen…

Habe ich heute eventuell auch irgendeine Vorahnung? Wenn ich z. B. nach einer persönlichen Meinung zur Entwicklung der Sportart Nr. 1 in Deutschland, dem Fußballspiel, gefragt würde und irgendeine Vorhersage treffen müsste, hätte ich folgende Gedanken: Für mich wäre die ursprüngliche Form des Spiels ohne Videobeweis oder andere technische Hilfsmittel sinnvoller. Ich denke aber, dass die Kommerzialisierung und der Einsatz von Technik zunehmen werden.

Vielleicht kommt man aber auch auf folgende Idee und das wäre meine Vision: Ich würde für jeden Spielausgang vier Punkte vergeben. Nur für einen Sieg mit mindestens zwei Toren Unterschied gibt es vier Punkte. Gewinnt eine Mannschaft mit nur einem Tor mehr, erhält diese drei Punkte und der Verlierer noch einen Punkt. Bei einem Unentschieden erhalten beide Mannschaften stets zwei Punkte. Diese Maßnahme könnte zur Erhöhung der Ergebnisgerechtigkeit beitragen und hätte noch andere positive Auswirkungen.

Briefe aus dem Skilager

Im ersten Studienjahr fand eine dreiwöchige Ausbildung in einigen Wintersportdisziplinen statt. Alle Briefe, die ich an meine Freundin und spätere Frau schrieb, sind ja bis heute erhalten geblieben und ermöglichen einen weiteren Einblick in mein Studentenleben.

Schneckenstein, 3.1.64

Liebe Li!
Schneckenstein/Vogtland ist erreicht. Auf Überraschungen waren wir gefasst. Als wir unserem Reiseziel immer näher kamen, glaubten wir nicht mehr daran, dass wir Schnee vorfinden würden. Wir fuhren bis Tannenbergsthal mit dem Zug. Die letzte Strecke wurde zu Fuß zurückgelegt. Es galt, noch einen beträchtlichen Höhenunterschied zu überwinden. Tatsächlich änderten sich die „Schneeverhältnisse" mit zunehmender Höhe.

Das Wintersportzentrum der DHfK liegt immerhin in etwa 900m Höhe. Herrlich saubere Luft, ein klarer Himmel, ein frischer Wind und dennoch warme Sonnenstrahlen empfingen uns. Doch eines ist nur in spärlichen Mengen vorhanden: Schnee. Gern würde ich dir eine Winterlandschaft beschreiben. Wir sind aber alle hier oben Optimisten. An den Südhängen ist der Schnee völlig weggetaut. Wald und sonnenabgewandte Berghänge bieten für einen Könner auf dem Gebiet des Skilaufens noch einiges. Der Schnee ist stark vereist, die Abfahrt für den Anfänger recht gefährlich.

Den Ort „Schneckenstein" wirst du vergeblich auf der Landkarte suchen, es sei denn, es ist der Topasfelsen Schneckenstein eingezeichnet. Unser Winterlager benutzt die Gebäude einer Schachtanlage der ehemaligen DSAG Wismut in der Nähe von Klingenthal. Früher (17. Jahrh.) wurde hier nach Jaspis und Topas sowie nach weißen Saphiren, Smaragden und Diamanten gegraben.

Das Lager bietet nicht alle Bequemlichkeiten für mehr als 200 Lehrgangsteilnehmer, wir sind aber mit der Unterkunft sehr zufrieden. Zu sechs Mann haben wir ein Zimmer belegt (unter ihnen Günter und je ein Student aus Griechenland und Guinea). Platz ist etwas wenig vorhanden, dafür gibt es aber einen großen Speisesaal, Clubraum, Fernsehraum und einige andere Aufenthaltsräume. Die allgemeine Ordnung hier erinnert mich etwas an meine Militärzeit. Aber wenn viel Schnee liegen würde, wäre das Lager hier eine große Klasse. Wir kamen heute gegen 13.00 Uhr an, wurden eingewiesen, erhielten eine zweite Skiausrüstung (für Abfahrt – die Langlaufausrüstung musste jeder selbst mitbringen), die es zurecht zu bauen und mit Hilfe von Wachs „schneegängig" zu machen galt. So verging der heutige Tag. Morgen haben wir Unterricht (Theorie und Praxis des Skiwachsens). Anstelle der praktischen Skiausbildung erhalten wir eine Ausbildung im Eislauf (Schlittschuhe bekommen wir von der Hochschule). Gibt es in den nächsten 5 bis 10 Tagen keinen Neuschnee, ist es möglich oder fast sogar sicher, dass wir nach Leipzig vorzeitig zurückfahren. So, nun hast du einen ganz kleinen Einblick in meine jetzige Lage. Hoffentlich verlief dein erster Studientag gut …

Schneckenstein, 5.1.64

Meine liebe kleine Li!
Sonntag im „Winterlager"! Ja, leider muss man hier eben das Wort Winter in Anführungszeichen setzen. Die Wahrscheinlichkeit, dass wir in der kommenden Woche infolge Schneemangels wieder nach Hause fahren, wird fast zur Gewissheit. Ich sage nur, dass dies wirklich sehr schade ist.
Mir macht das Skifahren schon Spaß. Gestern unternahmen wir die erste Skiwanderung zum naheliegenden bekannten Skidorf Mühlleithen. Unser Ziel war das „Heimatmuseum" (sprich: Gaststätte „Buschhaus"). Die Schneeverhältnisse lassen zwar zu wünschen übrig, aber für uns reichte es durchaus. Der größere Teil unserer Gruppe kann schon so einigermaßen Ski laufen. Ich gehöre zu denen, die man mit „Anfänger" anspricht. Aber allzu viel ließ ich mir nicht anmerken. Es machte wirklich Spaß. Mein Freund Günter, der beim Anstieg mehr rückwärts als vorwärts rutschte, beneidete mich etwas.

Der Schweiß war auch auf meiner Stirn zu finden. Die Abfahrt ist ja immer der größte Spaß Solange es ohne Kurven hinab geht, wirft mich eine Bodenwelle oder irgend ein Hindernis noch nicht um. Weitaus schwieriger sind die Kurven zu befahren. Ab und zu muss noch die „Notbremse" einen argen Sturz oder eine Baumumarmung verhüten. Würde mehr Schnee liegen (im vergangenen Jahr lag hier Schnee stellenweise bis 3 m und durchschnittlich 1,5 m!), dann gäbe es weniger zu befürchten. Jetzt ist solch eine ungewollte Bekanntschaft mit dem mehr harten als weichen Medium eher gefährlich als angenehm. Heute zum Sonntag ruhen die guten Bretter natürlich nicht. Wir trainierten am Vormittag am Hang das allgemeine Bewegungsgefühl auf den Skiern. Ich muss immer wieder feststellen, dass das Wetter tadellos ist. Die Luft hier oben wird mir gut bekommen. Geschicklichkeits- und Gewandtheitsübungen ließen die Zeit rasend schnell vergehen. Ein Besuch im „Heimatmuseum" und der Langlaufstrecke in Mühlleithen, auf der die Ausscheidungsläufe der Olympiateilnehmer ausgetragen wurden, ließen uns auch kaum merken, dass heute Sonntag ist. Da wir die Laufasse unbedingt im Ziel sehen wollten, ging es danach im flotten Tempo „heimwärts", um noch rechtzeitig am Mittagstisch zu sein. Du kannst dir nicht vorstellen, wie solch ein Mittagsbrot zieht. Man bekommt beim Skilaufen wirklich unheimlichen Hunger. Die wohlverdiente Mittagsruhe wurde verständlicherweise bis zum Abendbrot hingezogen, da der Nachmittag unterrichtsfrei war und uns ein Bummel auf den Brettern infolge der hohen Unfallgefahr nicht gestattet wurde.

Für heute ist ein Liederabend angesetzt, anschließend ist Tanz. Diese Veranstaltung ist fakultativ. Ich besuche sonst fast alle fakultativen Veranstaltungen, aber ein Tanzabend? Mehr als 10 Mädchen werden sowieso kaum erscheinen. Außerdem kann man ja auch einige Zeilen an Eltern und Geschwister und an gute Freunde schreiben.

Das Skilehrbuch lassen wir heute ruhen, sollten wir dennoch wenig Lust zum Schlafen (infolge des „Mittagsschläfchens") verspüren, dann wird noch ein kleiner Skat „gedro-

schen". Du siehst, mir geht es ausgezeichnet. Ich hoffe, dass es auch dir gut geht. Über dein Befinden werde ich ja hoffentlich bald etwas erfahren. Ich brenne darauf.

Herzliche Grüße Otmar

Schneckenstein, 8.1.64

Meine liebe Li!
Ich danke für deinen Brief und möchte gleich vorwegnehmen, dass einer deiner Wünsche auf dem besten Wege ist, in Erfüllung zu gehen, nämlich der Wunsch, dass uns vielleicht Schnee beschert wird. Seit heute früh schneit es hier ununterbrochen. Ich habe eben vielleicht etwas zu viel gesagt, im Flachland würde es vielleicht „nieseln". Aber immerhin hat die gesamte Umgebung eine weiße winterliche Farbe angenommen. Die wenigen Zentimeter des Neuschnees gestatteten uns heute, bereits an der Unterkunft die Bretter anzuschnallen und hinab ging es in sausender Fahrt. Außerdem (vielleicht ist das der positive Punkt) brauchten wir die Ski stellenweise nicht mehr zu tragen wie an den ersten Tagen. Ich sage dir, das Skifahren hat mich so gepackt, ich bin wirklich begeistert. Schnell habe ich das Grundhandwerk des Skilaufs erlernt und die unangenehmen Bekanntschaften mit dem „weißen Etwas" (wie du so schön sagst) werden immer seltener. Ich kann dir versichern, sollte es zu Hause im Februar genügend Schnee geben, gibt es für mich nur ein Beförderungsmittel zur Lieben: die Ski. Drücke mir die Daumen, dass meine Bretter die halsbrecherischen Fahrten überstehen. Wichtiger ist, dass mir nichts passiert. An Mut lasse ich es nicht fehlen, sonst hätte ich bestimmt in der kurzen Zeit das Skifahren nicht gelernt. Habe aber bitte keine Angst, Mut am falschen Platze gibt es bei mir nicht.
Nach einem lässigen Montag (ich schrieb es schon – wir hatten nur Vorlesungen) folgten zwei volle und harte Trainingstage auf den Brettern. Es gibt oft einen von den Anfängern, der „sauer" wird. So fertig wie heute war ich bisher auch selten. Obwohl die Temperatur hier ständig um minus 5 Grad liegt (und meistens noch darunter), verspüren wir keinerlei

Kälte. Trotz mäßiger Kleidung (nur Unterhemd und Anorak) schwitzen wir um die Wette. Da ich sowieso Spezialist für dermaßen „feuchte Angelegenheiten" bin, kommt es in der Regel vor, dass ich täglich 3 mal die Unterwäsche wechseln muss.

Das Training ist wirklich hart. Schwer würde ein schneller Anstieg, wüsste man nicht, dass es anschließend in herrlicher Fahrt talwärts geht.

Wie groß mein Hunger ist, möchte dir folgendes zeigen: Heute aß ich zum Frühstück fünf Brötchen, zum Mittag zwei Schläge, am Abend sieben Schnitten.

Für morgen gibt es einige besondere Leckerbissen. Wir verlassen allmählich den Boden und begeben uns in die Lüfte – wir beginnen mit dem Sprunglauf (keine Angst, wir beginnen nicht gleich mit der großen Aschbergschanze). Am Nachmittag werden wir die „Großen" dort beim Olympiaausscheidungsspringen bewundern. So – heute ist noch von 19.00 bis 20.00 Uhr Selbststudium. Die Theorie ist ja für uns als künftige „Skilehrer" fast wichtiger als die Praxis.

Anschließend wird vielleicht Yaye noch einige Jazzplatten seines afrikanischen Freundes auflegen. Über unsere Ausländer werde ich dir später noch berichten, vielleicht interessiert es dich …

Schneckenstein, 10.1.64
… Ein Erlebnis für uns wurde gestern das Ausscheidungsspringen auf der Aschbergschanze. Alles, was hier vom Lager Hals und Beine hatte, war am Aschberg unter den 30 000 Zuschauern zu finden. Ich sah zwar schon häufig Skispringen im Fernsehen, aber dieses übertraf doch einiges. Ganz dicht am Schanzentisch stehend, spürten wir wie die Springer mit einer Geschwindigkeit knapp unter 100 km/h an uns vorbei „pfiffen". Hut ab vor diesen Jungs.

Heute hatten wir wieder Ausbildung am steilen Hang. Der Schnee liegt jetzt kniehoch. Sollte man fallen, dann fällt man kaum hart, nur die Ski dürfen nicht hängen bleiben. Unser Freund aus Guinea brachte es zum perfekten „Spitzensalat".

Du kannst Dir nicht vorstellen, wie wir gelacht haben. Unser Skilehrer und sein Assistent sind schwer in Ordnung. Viele Skigruppen beneiden uns deshalb. Ab heute Abend steht unsere Gruppe im Bereitschaftsdienst. Wir stellen aus unsrer Mitte den SvD (Studenten vom Dienst), bewegen Schneemassen, richten unsere Sprungschanze her (von dort komme ich gerade), und nach einer kurzen Pause geht es weiter mit dem Eisbahnkehren und -sprengen. Ich schreibe, wie du an der Schrift bemerkt hast, in Eile. Morgen werde ich die Briefe des Lagers zur Post schaffen, und wenn du vielleicht wieder geschrieben hast, hole ich diesmal den Brief persönlich ab. Hoffentlich gibt es in dieser Nacht nicht noch weiteren Neuschnee, dann haben wir morgen als Bereitschaftsgruppe sehr viel zu tun. Anfangs gab es hier zu wenig Schnee, jetzt ist es uns fast zu viel ...

Schneckensten, 12.1.1964

Meine liebe Kleine!

So bin ich immer: Erst schimpfe ich, du sollst nicht so viel und so oft schreiben, und bekomme ich dann drei Tage hintereinander keine Post von dir, beginne ich fast zu jammern. Ich hoffe doch in solchen Fällen immer, dass nichts Außergewöhnliches passiert ist. Ohne zu wissen, was du machst oder vor einigen Tagen getan hast, komme ich mir noch weit einsamer vor, als ich es so schon in weiter Ferne von dir bin. Gerade heute zum Sonntag wünsche ich, dass du wenige Augenblicke mit mir plaudern könntest und ich dich sehen könnte. Vielleicht denkst du: „Übertreibe bitte nicht".

Du kannst dir kein Bild machen, wie herrlich hier der Abend im Freien ist. Wir haben heute den ersten freien Nachmittag und dürfen in kleinen Gruppen durch das Gelände auf unseren Brettern ziehen. Ich hatte vor, mit Günter einen Bummel nach Klingenthal über Mühlleithen, Aschbergschanze und Vogtlandschanze zu unternehmen. Leider verletzte sich Günter am Vormittag im Unterricht beim Abfahrtslauf und ich hatte keinen Partner. Allein war es verboten, so große Strecken zu laufen, deshalb blieb mein Wanderziel die nähere

Umgebung in der Abendstunde.

Temperaturen von minus 15 Grad spürt man kaum. Bei Pulverschnee und strahlendem Sonnenschein denkt man nicht an Kälte. Man atmet saubere Luft, die Schneekristalle funkeln. Ein Blick zum weit entfernten gegenüberliegenden Hang bietet einfach mehr, als man als Flachländer ahnen könnte. Es ist hier etwas Alltägliches, eigentlich nichts Besonderes, aber für mich etwas Neues. Weil ich eine solche Winterlandschaft noch nie so schön sah.

Die Gegend um den Aschberg ist wirklich schön, und ich, so glaube ich, bilde mir nicht nur ein, dass besonders der Abend sehr ausdrucksvoll sein kann. Den Sonnenuntergang erlebte ich bei der Rückkehr. Über den Tälern und Höhen lag ein leichter Dunst, der sich am Abend am Horizont stark verfärbte und von Rot, Orange und Gelb in ein weiches Grau-Blau des Abendhimmels überging. Die Kontraste des Gesamtbildes verloren sich, trotzdem war scheinbar noch ein Widerspruch zwischen dem fast blendend hellen Schnee und noch sehr hellen, wenn auch blasseren Himmel und dem dunkleren Dunst an der Ostseite sowie den eintönig dunkelgrauen Baumstämmen vorhanden.

Schon allein der Winterwald oder eine einzelne tiefverschneite Fichte, auf der sich das Abendrot widerspiegelt, ist ein reizender Anblick. Stelle dir vor, du bist ganz allein in dem von mir geschilderten Milieu, woran würdest du dann denken?...

Schneckenstein, 14.1.1964

Liebe Li!

... Am Montag wurden „große Sprünge" gemacht. Erstmals hieß es für mich: „Schanze frei!" Unsere mittlere Sprungschanze ist zwar noch verhältnismäßig klein, aber für Flachländer groß genug, und Sätze um 10 m sind schon möglich. Mir macht es jedenfalls Spaß. Beim nächsten Springen darf ich dann von unserer „Großen" springen. Hier sieht es schon etwas anders aus. Der Höhenunterschied zwischen Anlauf und Auslauf beträgt gute 50 m und Weiten bis zu 30 m sind von dieser Schanze schon gesprungen worden. Als wir hier vor zwei Wochen ankamen, ahnte ich nicht, dass ich noch in diesem Lehrgang von der kleinen Schanze springen würde. Ich wäre ja fast gestern schon von der großen Schanze gesprungen, aber als Anfänger wollte ich doch nicht gleich größenwahnsinnig werden, und außerdem war gestern der 13.! Ich bin zwar nicht abergläubisch, aber der Gedanke daran, dass gerade an diesem Tag etwas passieren könnte, ließ mich noch warten. Also bin ich doch abergläubisch? Oder wird man durch diesen Gedanken vielleicht nur unsicher?

Am Abend folgte dann eine Nachtwanderung. Eine Fahrt auf Brettern, ohne den Weg zu sehen, ist wirklich reizvoll. Das gesamte Studienjahr traf sich mit fröhlichem Gesang auf einem Berg beim Lagerfeuer. Mit Fackeln ging es dann in schneller Fahrt abwärts. Mich berauscht so etwas richtig und ich vergesse es deshalb auch nicht.

Heute Vormittag wurde eine Schnitzeljagd auf Brettern durchgeführt. Dichter nasser Schneefall machte diese Art des touristischen Skilaufes besonders würzig. Am Nachmittag hatten wir Vorlesung. Für das Wochenende erwartet uns der große Knüller: Mehr als 1000 Leipziger Wintersportbegeisterte, die mit einem Sonderzug eintreffen, werden von den Studenten der DHfK in das Skifahren eingeführt. Ich werde mit einem Freund aus Berlin eine Wanderung mit einer Gruppe unternehmen. Die Temperaturen liegen auch hier jetzt teilweise über Null. Der Schnee wird hoffentlich noch eine Woche halten. Eine eigenartige „Mittagsruhe" gab es heute. Unser Freund aus Guinea singt recht gern und fast zu viel. Er ist zur Zeit „krank". Haben wir Ruhe, dann ist er noch wach und trommelt die heißesten Rhythmen. Wir setzten ihn kurz in den kalten Schnee, wie wir es mit jedem Deutschen auch gemacht hätten. Er fasste dies aber sehr falsch auf, nannte uns „Faschisten" und es kam zu komplizierten Auseinandersetzungen. Er ist ein Bombenkerl, aber in mancher Beziehung gibt es für ihn nur eine Meinung, die er selbst vertritt. Eine Belehrung oder ein Überzeugen ist fast unmöglich und auch deshalb schwer, weil er ein ausgezeichnetes Wissen besitzt und wir gegenüber seinen Argumenten oft machtlos sind ...

121

Liebe Li!

Ich freue mich immer wieder, einige Zeilen von dir zu lesen, vielen Dank dafür.

Du glaubst ja nicht wie sich die Massen mittags immer auf die Post stürzen. Etwas verlassen leben wir ja hier. Zur Erholung scheint es gerade der richtige Ort zu sein, aber leider ist eben unser Aufenthalt kein Urlaub. Im Vergleich zum Internatsleben oder zur Armeezeit könnte man aber wirklich sagen: So möchte ich meinen Urlaub verbringen, wie „Ihr" studiert.

Zum heutigen Tag gibt es wenig zu sagen, große Temperaturschwankungen sorgen wieder für vereiste Hänge und Pisten. Ab morgen können wir dann die Tage der letzten Woche abstreichen. Die Zeit verging wirklich sehr schnell. Morgen ist eine Tageswanderung über eine größere Strecke vorgesehen, wobei wir uns mit dem Gelände vertraut machen werden, in welchem wir am Sonntag mit den Leipzigern das „Ski-ABC" üben wollen.

Ich habe mir für diese Wanderung noch eine spezielle und besondere Aufgabe gestellt: Im Nadelholz werde ich noch die begehrten Zapfen für deine Sammlung suchen. Talent besitze ich dazu keinesfalls, aber was tut man nicht alles, um eben nicht „unangenehm" aufzufallen.

Heute wurde von unserer Seminargruppe die Luxemburg-Liebknecht-Feierstunde durchgeführt Dadurch ist es heute auch schon wieder recht spät, und die „Skigenossen" wollen schlafen gehen. Ich muss mich deshalb beeilen.

Ich könnte den Brief ja auch beenden, aber eine begonnene Seite schreibe ich gerne erst voll. Wenn mir wirklich nichts Sinnreiches oder Unterhaltendes einfällt, müsste ich doch abbrechen, aber dazu lasse ich es einfach nicht kommen. Mir kam eben der Gedanke, dich auf deine Sportlichkeit zu interviewen. Du gibst in dieser Beziehung bestimmt nicht gerne Auskunft. Meine Fragen müssen ja auch nicht unbedingt beantwortet werden. Welche Sportart interessiert dich am meisten? Mit welcher Sportart könntest du dich so anfreunden, dass du sie selbst aktiv betreibst? Welchen Sport würdest du dir ansehen, vielleicht am Fernsehapparat? *Welche Sportart schätzt du als zweckmäßig, mit dem größten erzieherischen Wert ein? Gibt es Sportarten, die dir von vornherein unsympathisch sind? Was sagst du zu einer Frau, die Leistungssportlerin ist? Wie denkst du ganz allgemein über mich und meinen Sport?* ...

Schneckenstein, 17. 01.1964

... *Stell dir vor, gestern, der Tag, an welchem ich den Geburtstagsbrief an dich schrieb, war für mich ein rabenschwarzer Tag. Du hast davon hoffentlich nichts im Brief gemerkt. Ich war das erste Mal hier im Winterlager wirklich „sauer". Auf dem Heimweg von einer Tageswanderung gab es noch auf dem letzten Kilometer für mich „Spitzensalat". Wäre mir dieses Missgeschick bei einem Sturz in sausender Abfahrt passiert, würde ich von Glück reden, dass nicht ich selbst, sondern nur einer meiner treuen Begleiter (meiner immerhin nicht ganz billigen Bretter) zu Schaden kam. Spitzenbrüche gab es bei der Wanderung in anderen Gruppen nicht wenige. Unser Skilehrer war gerade im Begriff, unsere Gruppe ohne Spitzenbruch zu verabschieden, als es plötzlich bei mir verdächtig hölzern klang. Mein linker Ski rutschte nur etwas zu kräftig in eine falsche Richtung und zwar über die Spitze des rechten, und mit hörbarem Geräusch zerbrach sie. Wäre ich wenigstens noch dabei hingefallen. Nein, so „billig" eine Skispitze einzubüßen!!! Ich war jedenfalls auf „Achtzig". Obwohl es einige gibt, die schon mehr als drei Paar zerbrachen, kannst du dir vielleicht meine Stimmung vorstellen* ...

Schneckenstein, 19.01.1964

Hallo liebe Li!
... *Hier spürt man leider wenig vom Sonntag (das auffälligste Merkmal: Zum Frühstück gibt es Kuchen!). Heute hatten wir keinen Unterricht, sondern „rutschten" mit Wintersportbegeisterten aus Leipzig durch die Gegend. Gerade angenehm*

war für uns diese Beschäftigung auch nicht.

Von absoluten Anfängern bis zum perfekten Skifahrer war alles vertreten und für jeden das von ihm Gewünschte zu finden war wirklich nicht ganz einfach, weil wir ja teilweise selbst noch zwischen Anfänger und Skiläufer stehen. Wir waren aber einigermaßen ortskundig. Da viele Ausflügler nicht so recht wussten, welche Richtung für sie die günstigste mit den Brettern sei, folgte man uns. Am Ziel angekommen (wir wanderten mit unserer Gruppe zu unserem Übungsgelände – zur Winselsburg), hatten wir wenig Einfluss. Wir konnten ja schließlich niemanden zwingen, bei uns mitzumachen. Wer sich einigermaßen auf den Brettern halten konnte, stürzte talwärts. Nur einige besonders „Wacklige" und ein junges Ehepaar schlossen sich unserer kleinen „Schule" an. Es machte ihnen Spaß und wir freuten uns nicht minder über diesen ersten Erfolg.

Kompliziert wurde dann die „Beförderung" wieder zurück zum Bahnhof. Wir suchten schon die einfachste Wegstrecke aus und „lotsten" die Massen durch die Kurven der etwa 10 km langen Strecke. Stürze gab es genug, und meistens lachte der Gestürzte. Es ging also alles glatt ab.

Morgen wartet auf uns die erste Prüfung: Ein 5-km-Langlauf. Am Mittwoch wird die Technik in Lauf, Sprung und Abfahrt geprüft.

Ein schöner Tag war für mich der Sonnabend, für dich war er wohl sowieso schön. Du glaubst es nicht, aber wir hatten gestern den größten Spaß beim Rodeln. Im Gebirge ist das gar nicht so einfach. Mit etwa 50 km/h aus der Kurve zu rutschen und in eine Schneewehe zu fliegen ist wirklich ein köstliches Gefühl!

Der Sportwerbeabend in Hammerbrücke wurde ein Erfolg der DHfK. Ein „Schwips" auf Skiern ist nicht zu verachten (die Stöcke sind dabei sehr angebrachte Hilfsgeräte).

Der Schrebergartenball ist ja nicht mehr all zu fern!

Herzliche Grüße

Otmar

Schneckenstein, 21.01.64

... Morgen geht es in die Prüfungen, deshalb darf ich auch nicht zu spät schlafen gehen. Der Lauf am Montag brachte nichts Besonderes. Der Skilehrer sagte zwar, dass unsere Staffel gut war. Ich selbst war jedoch nicht ganz zufrieden, weil ich mich etwas „verwachst" hatte. Meine Bretter waren zu glatt und bergauf ist das nicht gerade ein Vorteil. Neue Kraft für morgen gab mir heute bei einem kleinen Wettbewerb um die größte Weite beim Schanzenspringen ein kleiner Rekordsprung, den keiner von unserer Gruppe überbot. Also bis Sonnabend 19.00 Uhr. Obwohl es hier schön ist, fiebere ich auf die Heimreise.

Bis bald! Tschüß

Dein Otmar

Das zweite Studienjahr wurde dann wieder mit einem Erntelager eingeleitet. Im Winter folgte auch ein weiteres Skilager in Schneckenstein. Es wurden zehn Skigruppen entsprechend der Leistungen des Vorjahres gebildet. In der Gruppe 1 befanden sich die Asse, in Gruppe 10 die Studenten mit den schwächsten Leistungen. Infolge meines Abschneidens im ersten Winterlager, ordnete man mich in „Skigruppe 3" ein. Doch mein relativ weites Vorrücken als absoluter Anfänger des Vorjahres zeigte nun eher negative Seiten. Ich fühlte ich mich in dieser Gruppe doch etwas überfordert. Die meisten beherrschten mit den Abfahrtsbrettern saubere Parallelschwünge und auch das Kurzschwingen, das sogenannte „Wedeln". Half alles nichts, da musste ich durch. Ich hatte eine gute Kondition und konnte im Langlauf wieder etwas ausgleichen.

Geburt unseres Sohnes

Nach bestandenem Vordiplom erfolgte im 3. und 4. Studienjahr die Spezialisierung in der ersten und zweiten Wahlsportart und entsprechend des künftigen Berufsweges die Ausbildung im Volks-, Schul- und Leistungssport. 1965 verlobte ich mich mit meiner Freundin.

Meine jüngere Schwester, meine Verlobte und meine „Tanzlehrerin"

Das Jahr 1966 wurde dann ein weiteres markantes Jahr in meiner Biografie:

- Heirat

- Teilnahme an einem Forschungsprojekt der UNESCO,

- Geburt unseres Sohnes Andreas,

- erster Flug mit Studenten nach Warschau.

Meine Freundin hatte ihr Studium bereits erfolgreich abgeschlossen. Wir strebten eine gemeinsame Wohnung an und heirateten. Anders war auf dem äußerst begrenzten Wohnungsmarkt keine Wohnung erreichbar.

Hochzeit in Lödderitz im jahre 1966

Noch war ich Student. Meine Partnerin beflügelte meinen Ehrgeiz. Ich bekam Leistungsstipendium. Während sie bereits im Beruf arbeitete, bemühte ich mich um eine Hilfsassistentenstelle am Institut für Soziologie. Einige Stunden pro Woche erarbeitete ich gemeinsam mit einem weiteren Studenten Statistiken und Übersichten irgendwelcher Untersuchungen. Das besserte etwas die Familienkasse auf. Die Tätigkeit als Hilfsassistent hatte einen weiteren Vorteil. Ich wurde als Mitarbeiter für eine große statistische Erhebung der UNESCO zum Freizeitverhalten der Bürger der Stadt Hoyerswerda ausgewählt. Durch das Zufallsprinzip ermittelte Haushalte erhielten einen Fragebogen zum Zeitbudget eines Tages. Etwa zwanzig Interviewer machten jeweils eine Einweisung zum Ausfüllen der Bögen und führten am folgenden Tag ein Interview zu den Freizeitaktivitäten der Familie durch. Das war ziemlich umfangreich, aber auch interessant und manchmal sogar lustig. Ich erinnere mich an folgende Begebenheit: Eine junge Ehefrau übergab mir den nicht ganz vollständig ausgefüllten Bogen mit einem leicht verschmitzten Lächeln: „Was soll ich hier zwischen 22.00 und 23.00 Uhr hinschreiben? In dieser Zeit habe ich immer eine kleine Konversation mit meinem Mann!" Ich antwortete sofort ohne zu überlegen: „Nun schreiben sie doch hin: Konversation mit meinem Mann". Erst im Nachhinein wurde mir die Situation klar. Im Endeffekt war ich mit meiner Antwort sogar zufrieden, denn was hätte ich ihr denn sonst sagen sollen? Sechs Interviews pro Tag waren die Norm. Ich schaffte das Doppelte, war damit „Rekordhalter" und blieb als Einziger auch noch fast fehlerlos. Das schnell verdiente Geld wurde gebraucht, denn wenige Wochen später war ich bereits Vater. Unser Sohn wurde in einem Krankenhaus in Calbe/Saale geboren. Es war noch nicht üblich, dass Väter bei der Geburt dabei sein konnten, so durfte ich meinen Sohn erst einige Stunden später im Arm halten und erstaunt betrachten. Ich war sehr überwältigt von dem winzigen zarten Wesen und der Leistung meiner noch recht jungen Frau, die nun Mutter war. Es war kaum zu glauben, was die Natur vermag.

Ich schätzte mich sehr glücklich, beide gesund vorzufinden, konnte aber noch nicht richtig begreifen, dass ich nun Vater sei. Ich fühlte mich jedenfalls noch nicht so. Aber ich wollte alles daran setzen, ein guter Familienvater zu werden.

Als Auszeichnung für meine Arbeit während der Erhebung der Daten für die UNESCO erlebte ich meinen ersten Flug. Ich durfte mit den besten Studenten unserer Hochschule für eine Woche nach Warschau fliegen und die Stadt sowie die dortige Sporthochschule kennenlernen.

Die Polen waren scharf auf unsere Nyltestklamotten. Ein Student kaufte mir auf der Stelle mein bereits getragenes Nyltesthemd ab. So konnte ich für meine Frau und für meinen kleinen Sohn einige kleine Mitbringsel erstehen.

1967 begannen dann nach der Erarbeitung und Abgabe meiner Diplomarbeit und nach Abschluss des Studiums meine Berufstätigkeit und der Ernst des Lebens.

6. Beruf und Familie

Gab es keine bessere Wohnung?

Ich arbeitete zunächst beim DTSB (Deutscher Turn und Sportbund) in Dessau als Kreissportlehrer, während meine Frau bereits als Grundschullehrerin in Aken/Elbe eine Anstellung gefunden hatte. Da ich für meine Familie in Dessau keine Wohnung bekam und mir auch die Arbeit nicht gefiel, wechselte ich auch in den Bereich Volksbildung und unterrichtete in der Kleinstadt Aken in der POS II (Polytechnische Oberschule) in den Klassen 5 bis 10 vorrangig Sport. Hier bekamen wir sofort einen Kinderkrippenplatz und eine Wohnung. Das heißt, der Stellvertreter des Kreisschulrates setzte sich persönlich für uns ein. Er fuhr mit seinem Motorrad von seiner Dienststelle mit uns direkt zu unserem Bürgermeister. Noch am gleichen Tag besichtigten wir einige Wohnungen.

Nun, „Wohnung" ist kaum die richtige Bezeichnung. In einem Mehrfamilienhaus mit drei Wohnungen, das bis 1945 einem Schiffseigner gehörte, waren fünf Familien untergebracht. Wir bekamen mit Kleinkind ganze zwei Räume ohne Innentoilette. In unserem kleinen Flur, der eine abgeschlossene Wohnung darstellte, begegneten sich drei Familien. Ein älteres Ehepaar hatte von hier Zugang zu zwei hintereinanderliegenden Räumen ohne Wasseranschluss. Zwei ganz alte Leute, die in der unteren Etage ein Zimmer bewohnten, nutzten auf unserem Flur ihr Schlafzimmer. Fünf Türen auf einem 3 m² großen Flur und drei Familien! Geht das überhaupt? Es musste gehen, selbst wenn manchmal die Türen gegeneinander schlugen.

Uns wurde vom Bürgermeister noch eine andere Wohnung angeboten. Eine Dachgeschosswohnung mit vielen Schrägen. Sie bot aber kaum mehr Platz. Ich sah jedoch das Potential in der ersten Wohnung.

Wir hatten zunächst nur eine Küche, die so schmal war, dass wir ständig über das Kinderlaufgitter hinweg steigen mussten und ein Schlafzimmer, in welchem auch das Kinderbettchen stand. Als das eine Ehepaar auszog, richteten wir uns dann ein Wohnzimmer und ein Kinderzimmer ein, aber Innentoilette und Bad konnten wir immer noch nicht nutzen.

Die Trockentoiletten befanden sich auf dem Hof. Wenig später verstarb die inzwischen alleinstehende ältere Frau, die ja bis dahin noch ein Zimmer auf unserem Flur als Schlafraum belegt hatte. Diesen Raum bekamen wir ebenfalls dazu.

Modernisierung in Eigenregie

Nun legten wir richtig los! Mit welcher Leidenschaft, das kann man kaum schildern. Ich rekonstruierte in unseren Räumen die Fußböden, täfelte die Decken und baute mit einem Klempner Außenwandgasheizungen ein. Dabei entkamen wir mit großer Wahrscheinlichkeit einer Katastrophe. Als der Klempner alle Gasleitungen im Haus erneuert hatte, brannte dieser an der Zuleitung im Keller noch das zu Dichtungszwecken verwendete überschüssige Hanfmaterial ab. Plötzlich schlugen neben dem Rohr kleine Flammen aus der Außenwand in den Keller. Außerhalb des Hauses war unbemerkt die Gaszuleitung verrottet. Ich wunderte mich zuvor nur, dass der Baum vor unserem Haus eingegangen war. Das Gas müsste man eigentlich riechen. Da die undichte Stelle aber im Erdreich lag, wurde es gefiltert und somit geruchlos. Die Stadt erneuerte den Hauptanschluss und die Gefahr für drei Familien war gebannt.

Aber am wichtigsten war, dass wir uns nun ein modernes Bad bauen konnten. Das schwer zu beschaffende Material stellte nicht einmal das Hauptproblem dar, denn in der Stadt gab es noch kein komplettes Abwassersystem. Also wurden Klärgruben auf dem Hof eingebaut und an ein teilweise vorhandenes Abwassersystem auf dem Nachbargrundstück angeschlossen. Erdarbeiten, das Verlegen von Trinkwasserleitungen und Abwasserrohren sowie Abwasseranschlüsse aller drei Wohnungen – kaum zu glauben, alles entstand nahezu im Alleingang mit Muskelkraft und in Eigenregie von der Planung, Materialbeschaffung bis zur Ausführung lediglich mit Hilfe eines handwerklich begabten Bekannten. Die alten Leute in den anderen beiden Wohnungen konnten dabei nicht mithelfen, nutzten später aber auch die Annehmlichkeiten.

Das war aber erst der Anfang. Den Hauptflur mit dem Treppenhaus und sogar die Durchfahrt, in welcher zwei Autos abgestellt werden konnten, verschönerten wir ebenfalls in Eigenleistung. Mein Schwiegervater entfernte die dicke Schicht aus Bohnerwachs von den Treppenstufen und die schöne Eichentreppe erstrahlte nach einem Anstrich im neuen Glanz, dass der Briefträger meinte: „Solch ein Stadthaus habe ich noch nicht gesehen".

Wir rekonstruierten unsere Wohnung und das gesamte Umfeld, beräumten die Scheune, auf deren Tenne nur ein schmaler Durchgang zwischen dem Gerümpel des Schiffseigners zum dahinter befindlichen Garten möglich war. Ich holte noch brauchbare Dachziegel von verfallenen Scheunen aus meinem Heimatdorf und besserte sogar das Scheunendach aus, indem ich auf dem Dachfirst entlanglief, dass meiner Frau Angst und Bange wurde. Danach machten wir den Garten urbar. Mehr als 10 alte Pflaumenbäume wurden gerodet. Wir konnten reichlich Obst und Gemüse ernten und bauten sogar Spargel an.

Das Dach des Wohnhauses ließen wir von einem Fachmann neu decken. Aber er verlangte, dass sich die Dachziegel bereits auf dem Dachboden befinden müssten. Also beförderte ich gemeinsam mit meiner Frau mit Hilfe eines Seils und einer Umlenkrolle in harter Arbeit die Dachziegel nach oben.

Als ich mit einem Bekannten dann auch noch die Hausfassade rekonstruierte, wobei die schönen, alten Stuckarbeiten erhalten blieben, weil sie meine Frau gekonnt restaurierte, glaubten mehrere Anwohner, ich hätte das Haus gekauft. Nein, dieses Haus war und blieb ein Mietshaus, das die Stadt verwaltete. Der Eigentümer lebte in Westdeutschland. Mit der kleinen Summe auf dem Treuhandkonto, auf dem die Mieten eingingen, konnten lediglich die Materialkosten und die Rechnungen des Dachdeckers beglichen werden. So baute ich schließlich die Dachrinne noch selbst an. Dann war unser „Gesellenstück" fertig.

„Da hättest du doch gleich ein neues Haus bauen können!", meinte ein Freund. Stimmt! Stimmt aber auch nicht!

Unser „Gesellenstück", das von uns restaurierte Stadthaus in der Dessauer Straße

Als Arbeiter in einem Betrieb konnte man zu DDR-Zeiten tatsächlich fast ohne Eigenkapital und mit viel Eigenleistungen ein Haus bauen. Materialbeschaffung und Transporte erwiesen sich als nicht so kompliziert wie für eine Angestelltenfamilie. Zudem verdiente ein ehemaliger Hilfsschüler z. B. mit der Arbeit auf einem Kran oft mehr, als sein früherer Lehrer.

Wozu habe ich das hier aufgeschrieben?

Die Allermeisten arbeiten in einem Mietshaus gegen Bezahlung und die Wenigsten ohne Bezahlung, nur um in einem fremden Haus schöner zu wohnen.

Für ganze 32 Mark Miete konnten wir nun eine passable Wohnung, einen großen Hof, eine Scheune mit einer Tischtennisplatte und einen großen Garten bis hin zur Stadtmauer nutzen. Wobei die geringe Miete nicht im Zusammenhang mit unseren Aufwendungen stand, ich zahlte diese Miete bereits vor unserem Arbeitseinsatz. Welche Bedeutung hat diese „Baugeschichte" aber für meinen sportlichen Werdegang? Sie spiegelt eine Grundeinstellung meiner Frau zur Arbeit und zum Leben wider, die ich übernahm. Mit etwas Ehrgeiz, viel Leidenschaft und Kontinuität sowie Ausdauer und Übersicht kann man allgemein im Leben wie auch im Sport mehr erreichen, als mancher für möglich hält. So ist der Umfang meiner im folgenden Abschnitt geschilderten Tätigkeit im Sport für den weniger „Sportinteressierten" eher zu erklären. Denn den Arbeitsaufwand für die Rekonstruktion eines Mehrfamilienhauses kann der Außenstehende eher ermessen, als für den Aufbau einer Sportwerbegruppe oder einer Massenübung mit 400 Mädchen.

Sportlehrer müsste man sein

Die Arbeit als Sportlehrer bereitete mir viel Spaß. Ich hatte mein Hobby zum Beruf gemacht. Im Sportunterricht schlug ich mich häufig auf die Seite der Schwächeren. So machte der Unterricht allen Spaß. Während z. B. die meisten Schüler mehrere Runden im Ausdauerlauf auf der Laufbahn des Sportplatzes zurücklegten, lobte ich besonders den Schüler, der erstmals eine ganze Runde geschafft hatte. Dazu forderte ich auch manchmal die ganze Klasse zum Beifall auf. Oder beim Volleyball spielte ich selbst bei der vermeintlich schwächeren Mannschaft mit. Ich spielte auch mal allein gegen alle. So konnte ich Sieg oder Niederlage gut arrangieren. Die Mitspieler der schwächsten Mannschaft erzählten dann triumphierend, dass sie gegen den Lehrer gewonnen hatten.

Wo gibt es heute noch einen Beruf, in dem man selbständig mit Menschen arbeiten und kreativ sein kann, viel an der frischen Luft ist, sich selbst noch viel bewegt und das ganze auch noch Spaß macht, weil man das Ergebnis der Arbeit direkt wahrnehmen kann?

Bleibt nur die Frage nach dem Verdienst offen. Wäre dieser ein wichtiges Kriterium gewesen, hätte ich vielleicht einen technischen Beruf mit Aufstiegsmöglichkeiten gewählt oder wäre Bänker geworden.

Es gab aber noch einen Punkt, der mir in die Karten spielte: Eine angemessene Freizeit durch reichliche Ferientage der Schüler neben der vergleichsweise vermeintlichen geringen Arbeitszeit winkte. Wenn man idealer Weise auch noch am Arbeitsort wohnt und sich der Arbeitsplatz, der Sportplatz, gleich hinter dem Wohnhaus und Garten befindet, kann man die Aussage eines sehr neidischen Mitbürgers sogar verstehen: „So, wie du arbeitest, möchte ich meinen Urlaub verbringen". Ich entgegnete Ihm: „Dann hättest du aber nicht bereits mit 16 Jahren Geld verdient, sondern erst einmal das Abitur erwerben und die Aufnahmeprüfung an einer Sporthochschule bestehen müssen! Und ehrlich, kommst du gemeinsam mit zwei Kolleginnen oder Kollegen und 60 bis 80 Kindern in einer kleinen Sporthalle klar?" Er winkte nur ab und ging ohne weiteren Kommentar.

Der Eindruck, die Lehrer hätten ein schönes Leben wäre damit schon etwas entkräftet. Zur anfänglich eigenen Feststellung, dass Lehrer wenig Arbeit und viel Urlaub haben, möchte ich an meinem Beispiel etwas Aufklärung leisten.

Die täglichen stundenlangen Vorbereitungsarbeiten in allen Fächern von den Erstklässlern bis zur Abiturstufe für einen erfolgreichen Unterricht und die umfangreichen Korrekturarbeiten von Tests und Klassenarbeiten sieht natürlich niemand. Ich gebe zu, für den Sportunterricht reichte oft eine gute langfristige Planung und Korrekturen fielen ja auch weg. Zudem wurden Sportlehrer eher seltener als Klassenleiter eingesetzt. So kam es auch vor, dass ein Sportlehrer in der Bevölkerung manchmal nicht so ganz für voll genommen wurde. Das ist mir selbst einmal passiert. Während eines Gesprächs mit dem Bürgermeister der Stadt über die Eingliederung einer etwas asozialen Person in unserem Haus meinte er, dass ich wohl soviel pädagogisches Geschick besäße, um die Sache zu regeln, obwohl ich doch kein richtiger Lehrer, sondern nur Sportlehrer sei.

Noch etwas krasser ist diese Geschichte: „Hilfsschüler", so bezeichnete man landläufig Sonderschüler, hatten es oft nicht leicht. Auf einem Elternabend wurden die beruflichen Aussichten der Schüler einer Sonderschule erörtert. Dabei meinte eine Mutter, ihr Sohn könnte doch Lehrer werden. Der Lehrer schaute etwas verdutzt und sagte, dass das wohl nicht möglich sei. Darauf die Mutter: „Nun, kein richtiger Lehrer, sondern so ein Hilfsschullehrer wie Sie!"

Sportlehrer und Sonderschullehrer engagierten sich oft mehr als einige Kollegen, die weniger in der Öffentlichkeit standen. Das scheinbare Arbeitsdefizit in der Schule wurde in den meisten Fällen durch die umfangreiche Arbeit im außerunterrichtlichen Bereich mit der Arbeit in der SSG (Schulsportgemeinschaft), die jede Schule besaß, kompensiert. Alle Sportlehrer arbeiteten meist ehrenamtlich 4 bis 8 Stunden pro Woche in verschiedenen Sportarten und bereiteten viele Kinder und Jugendliche auf Wettkämpfe im Kreis- und Bezirksmaßstab vor. Darüber hinaus fungierten die meisten Sportlehrer als Übungsleiter, Kampfrichter und Schiedsrichter außerhalb des Schulsports in den Betriebssportgemeinschaften oder waren selbst noch in den Vereinen aktiv.

Fachberater und Zweitfach Mathematik

Da ich neben dem Sportunterricht ein zweites Fach anstrebte und dafür auch qualifiziert sein wollte, machte ich während meiner Arbeitszeit ein dreijähriges Fernstudium für das Fach Mathematik, ohne danach einen finanziellen Vorteil zu haben. Ich besaß als einziger Lehrer unserer Schule durch mein Studium an der DHfK bereits ein Hochschul-Diplom und damit eine höhere Einstufung als die übrigen Kollegen. Wenig später erfolgte dann eine Angleichung, da die ersten Diplomlehrer anderer Ausbildungseinrichtungen eingestellt wurden. Während des Mathematikstudiums habe ich eine bemerkenswerte Erfahrung gemacht. Ich glaubte, wie wohl heute auch die meisten Mitbürger, dass Mathematik etwas mit Intelligenz oder mit besonderem Mathematikverständnis zu tun hat, aber diese Annahme ist weit gefehlt. Mathematik ist auch nur ein Lernfach. Man muss sich nur dafür etwas interessieren oder sich für ihre Exaktheit begeistern. Vielsagend erscheint mir in diesem Zusammenhang der Lösungsversuch einfacher mathematische Probleme in Fernsehquizsendungen, wenn Kandidaten bereits abwinken, bevor sie die Aufgabe gelesen haben. Erforderlich ist wirklich nur eine Schritt-für-Schritt-Herangehensweise, wie sie z.B. oft in überzeugender Weise der Moderator Günther Jauch In der Sendung „Wer wird Millionär"zeigt.

Der Mathematikunterricht, vorwiegend in den mittleren Klassenstufen, bereitete mir ebenfalls viel Spaß, weil man

Sport und Mathematik hervorragend miteinander kombinieren konnte. Wenn ich ehrlich bin, muss ich aber doch feststellen, dass nicht der Klassenraum, sondern stärker die Turnhalle und der Sportplatz meine bevorzugten Betätigungsbereiche waren. Zwar konnte ich sowohl im Mathematikunterricht als auch im Sportunterricht die Schüler begeistern, aber beim Mathematikunterricht im Klassenraum fiel es mir schwerer, konsequent zu sein. Ich war eigentlich nicht der perfekte Pädagoge, beschäftigte mich manchmal zu sehr mit dem Stoff und verlor dabei die Schüler aus den Augen. Wenn man aber Unruhe oder Disziplinlosigkeit nicht sofort unterbindet und den „Störenfried" nicht sofort erkennt, nützen allgemeine Ermahnungen wenig.

Meine Frau war da eher perfekt. Sie verstand es, die Schüler nicht nur hervorragend zu motivieren, sondern auch stets konsequent, aber immer liebevoll zu führen. Die Kinder der Unterstufe lernten praktisch für ihre Lehrerin. Zu Hause spielten sie den Unterricht nach und verwendeten dabei genau ihre Worte, so dass die Eltern schon dadurch bestens über die Situation in in der Klasse informiert waren. Meine Frau erzählte, dass einige Schüler der untersten Klassen es fast unheimlich fanden, als sie sagte, sie hätte auch hinten Augen, da sie stets wusste, wenn sie selbst an der Tafel arbeitete und den Kindern den Rücken zuwandte, wer irgendwelchen Unfug machte!

Das System der Zusammenarbeit mit den Eltern war besonders in der Unterstufe hervorragend ausgeprägt. Bei einem Elternbesuch eines Schülers der 4. Klasse beichtete eine Mutter meiner Frau, dass ihr Sohn regelrecht in seine Lehrerin verliebt sei. Eine halbe Stunde vorher pflegte er seine Haare vor dem Spiegel. Schon Monate zuvor war er einmal nach Hause gekommen und hatte von den „schönen Beinen" von Frau Meyer geschwärmt, die im Sportunterricht während der Demonstration des Kopfstandes durch das Herunterrutschen der Trainingshose sichtbar geworden waren.

Während meines Fernstudiums berief mich der Kreisschulrat zum Fachberater für Sport. Er war der Meinung, dass ich das Studium im Fach Mathematik nun nicht mehr abschließen müsste. Ich beendete es trotzdem mit einem zweiten Hochschul-Diplom, worauf ich besonders stolz war.

Die Stelle als Fachberater habe ich aber nie angestrebt, weil ich mir diese Funktion kaum zugetraut hätte. Eine Kollegin war ganz perplex: „Du wirst Fachberater?" Ohne Parteiabzeichen arbeitete ich fast 20 Jahre in einer erstrebenswerten Position. Nur zwei Tage in der Woche unterrichtete ich an meiner Schule und drei Tage besaß ich alle Freiheiten, mir die Zeit einzuteilen. Entweder kontrollierte ich die Arbeit der Sportlehrer, organisierte Weiterbildungsveranstaltungen, beriet Direktoren bezüglich des Einkaufs von Sportgeräten und der Führung der Sportlehrer oder ich arbeitete zu Hause an Berichten.

Angemeldet oder auch häufig unangemeldet fuhr ich zu mehr als 30 Schulen mit meinem „Trabbi", den ich inzwischen gebraucht für den Neupreis erstand. Ich besuchte auch die Nachbarschule in unserm Ort. Mein erster Sportlehrer und späterer Direktor an dieser Schule, meinte bezüglich des Autos: „Mit etwas Speck vom Lande" wäre wohl alles möglich.

Ein Kriegskamerad meines Schwiegervaters, der aus Westdeutschland zu Besuch war, fragte, ob man denn damit überhaupt fahren könne. Ja, wir „knatterten" damit bis zur Ostsee. Es gab sogar Mitbürger, die mit einem Trabant in zwei Tagen bis nach Bulgarien zum Schwarzen Meer fuhren.

Später kaufte ich mir einen Lada 1300, auf den ich 6 Jahre nach der Anmeldung gewartet hatte und fuhr mit diesem zu den Hospitationen im Kreis und mehrfach mit meiner Familie zum Campingurlaub an das Schwarze Meer.

Die außerunterrichtliche Arbeit mit den Schülern meiner Schule setzte ich während meiner Fachberatertätigkeit in vollem Umfang fort. Zweimal wöchentlich arbeitete ich ehrenamtlich mit 50 bis 100 Kindern. Dabei halfen mir Schülerübungsleiter der Klassen 9 und 10, die ich in Lehrgängen selbst ausbildete. Das kostete alles kein Geld und brachte auch für mich unmittelbar nichts ein. Die „Großen" arbeiteten selbständig unter meiner Oberaufsicht mit den Unterstufenkindern. Bodenturnen und Turnen an Geräten, Trampolinsprünge mit Anlauf von einem Minitrampolin und Landung auf eine dicke Schaumstoffmatte sowie Gruppenübungen der Mädchen in der Gymnastik mit und ohne Handgerät mit Musik bildeten den Inhalt der Übungsstunden und mehrerer Sportwerbeveranstaltungen. Die Kinder nahmen an vielen Wettbewerben, wie Schul- und Kreismeisterschaften, teil. Alle bildeten eine schöne Gemeinschaft und organisierten selbst Weihnachtsfeiern und luden Eltern und oft auch Großeltern und andere Verwandte und Bekannte zu Schauvorführungen ein.

Neben dem Direktor, Sportlehrer und Hausmeister gab es meistens nur noch wenige weitere Männer unter den nahezu 30 Frauen im Lehrerkollegium. Die Männer waren im Lehrerberuf schon „Exoten". In der Unterstufe unterrichteten fast ausschließlich Frauen. Für mich war es schon ein schönes Gefühl, wenn von den vielen kleinen Turnerinnen zum Lehrertag einige mit einem kleinen Blumenstrauß zu ihrem Sportlehrer in die Turnhalle kamen. Kinder geben viel zurück. Strahlende Augen, wenn ein Turnelement gelingt, oder wenn eine knifflige Aufgabe im Mathematikunterricht gelöst wird, sind Lohn der eigenen Arbeit. Zwei Schüler erzählten mir später, sie wären meinetwegen Sportlehrer geworden, weil sie sahen, dass mir der Beruf Spaß bereite. Gibt es mehr Anerkennung? Das ist doch das, was der Mensch braucht. Gut und Geld vermögen solche Gefühle nicht aufzuwiegen.

Sportschau mit 400 Kindern

Ohne Auftrag meiner Vorgesetzten führte ich mehrmals mit 400 Mädchen aus 10 Schulen eine große Sport- und Musikshow im Stadion von Köthen auf. Hauptinhalt war eine gymnastische Massenübung zur Eröffnung der Kreis-Kinder- und Jugendspartakiade. Ich sprach lediglich mit dem Schulrat, damit die erforderlichen Materialien eingekauft werden konnten und die beteiligten Schulen einen offiziellen Auftrag bekamen. Die Direktoren benannten dann je eine Sportlehrerin, die 24 Mädchen der Klassenstufen 5 bis 8 und eine Erzieherin, die 16 Kinder der Unterstufe darauf vorbereiteten. Dabei bewältigte ich nahezu im Alleingang folgende Arbeiten:

- Erarbeitung der Choreografie für eine Massengymnastikübung,

- Vervielfältigung der Ausschreibungen mit Übungsbeschreibung, Laufwegen, Skizzen usw.,

- Auswahl, Kauf und Verteilung von 400 Gymnastikanzügen, Handgeräten, Tamburins und Tüchern,

- Auswahl und Zusammenschnitt der Musik mit Hilfe zweier Tonbandgeräte,

- Organisieren des Anfertigens von 400 farbigen Richtplatten mit etwa 10 cm Durchmesser aus Metall, die mit einem Nagel versehen waren, um sie auf dem Sportplatz im Boden zu befestigen,

- Anbringen und Einsammeln der Richtplatten bei Proben und Aufführungen auf Übungsplätzen und im Stadion,

- Anleitung und Einweisung der Kolleginnen, damit diese in ihren Schulen die Übungen vorbereiten konnten,

- Schaffung von Übungsmöglichkeiten in Turnhallen für mehrere Schulen in Stützpunktform,

- Vorbereitung einer Gruppe der eigenen Schule auch zu Demonstrationszwecken einzelner Übungsteile bei Gesamtproben,

- Regie bei Gesamtproben und Aufführungen usw.

Zur Realisierung eines solchen Vorhabens gehört normalerweise ein ganzer Stab von Mitarbeitern und Helfern. Für jede der aufgeführten Vorbereitungsarbeiten hätte mindestens eine Kollegin oder ein Kollege Verantwortung übernehmen müssen. Es spricht nicht für mein Organisationstalent, wenn ich fast alles im Alleingang realisiert habe. Die Lehrerinnen und Horterzieherinnen betreuten natürlich ihre Gruppen, übten in den Schulen und halfen so bei der Verbesserung der Qualität der Übungsausführung ihrer Schüler. Doch die Organisation des Gesamtablaufes lag in meiner Hand. Lediglich beim Zusammenschnitt der Musik und vor allem beim Stecken und Einsammeln der Richtplatten halfen mir Kollegen bzw. Schüler. Unterstützung fand ich ebenfalls durch meine Fachkommission, die aus den engagiertesten Sportlehrern bestand und sich monatlich traf, um Probleme des Schulsports und des außerunterrichtlichen Sports zu beraten. Diese Sportschau stellte eine Herausforderung dar. Ich liebe Herausforderungen. Sie stärken das Selbstbewusstsein und Wohlgefühl, wenn sie bewältigt wurden. Sie machen dann vor allen Dingen Spaß! Dazu benötigt man Kraft und schöpferisches Denken. Diese Arbeit, die mein ganzes Engagement erforderte, erfolgte völlig uneigennützig und ohne zusätzliches Honorar. Manchmal gab es eine Prämie vom Schulrat, die meistens 200, manchmal auch 300 Mark betrug. Alle beteiligten Kolleginnen und die Kollegen der Fachkommission konnten auch einmal eine kleine Tanzveranstaltung mit Livemusik organisieren. Auf Kosten des Schulrates gab es nur Sekt zu trinken.

9 Wochen Sommerferien

So schmolz allerdings die anfangs viel gepriesene Freizeit für mich als Lehrer dahin. Aber da gab es ja noch die „großen Ferien", die Sommerferien. Das waren mindestens 8, manchmal sogar 9 unterrichtsfreie Wochen. In diesen Ferien waren alle Lehrer zu ein oder zwei Wochen Ferienarbeit verpflichtet. Entweder beteiligte sich jeder an Weiterbildungen oder an Ferienspielen mit den Kindern. Andere halfen beim Schwimmlager der Schule.
Ich führte immer ein dreiwöchiges Schwimmlager durch. Damit hatte ich meistens weniger Urlaub als die übrigen Kollegen. Mit einigen Kolleginnen als Betreuer und Aufsicht, die nach ein oder zwei Wochen wechselten, fuhren wir mit 50 bis 80 Kindern mit den Fahrrädern zu einem rund 4 km entfern-

ten Freibad. Den Schwimmunterricht führte ich in kleinen Gruppen selbst durch. Jede Gruppe hatte pro Tag zwei bis drei 15-minütige Übungseinheiten. Je nach Leistungsstand konnten die einzelnen Schwimmanfänger in die nächst höhere Gruppe aufsteigen. Über Tauch- und Gleitübungen wurden fast alle Kinder in drei Wochen Schwimmer. In späteren Jahren lernten dann die Schüler der 2. und 3. Klassen im offiziellen Schwimmunterricht in der Schwimmhalle der Kreisstadt schwimmen.

Trotz umfangreicher Arbeit zur Verschönerung unseres Wohnumfeldes und der engagierten Arbeit im Beruf, wurden für mich und meine Familie die 70er und 80er Jahre die schönste Zeit in unserem Leben. Die regelmäßige sportliche Betätigung geriet etwas in das Hintertreffen. Ich fungierte vorrangig als Übungsleiter und Kampfrichter, nahm jedoch an weiteren Turn- und Sportfesten in Leipzig teil.

Ich entdeckte verstärkt in diesem mittleren Lebensalter die Schönheit der Natur für mich und meine Familie. Besonders an den Wochenenden unternahmen wir mit unserem Sohn viele gemeinsame „Ausflüge". Hatte ich bisher eher nur einen Sinn für den Sport, wurde mir mehr und mehr bewusst, wie schön meine Heimat ist. Die Auenlandschaft der Elbe, das Dessau-Wörlitzer Gartenreich, der Berg-Zoo in Halle, die kulturellen Zentren Halle, Leipzig und Weimar sowie der Harz waren nicht weit entfernt. Oft waren wir mit einer bekannten Familie, die einen gleichaltrigen Sohn hatte, unterwegs. Wandern, Radfahren, Schwimmen in den umliegenden Freibädern, Schlittschuhlaufen sowie Skilanglauf in den Mittelgebirgen im Winter und andere sportliche Betätigungen übten wir gemeinsam aus. Wir besuchten mit den Fahrrädern meine Eltern in Kühren oder häufiger die Schwiegereltern in Lödderitz und wanderten oft alle im nahen Waldgebiet zum Goldberger See.

Im Urlaub machten wir häufig Camping an der Ostsee oder an den Mecklenburger Seen mit dem Faltboot. Wir benötigten keinen Pool am Hotel. Besonders oft schlugen wir unser Zelt in Mecklenburg am Fürstensee auf. Um das Faltboot nicht ständig auf- und abbauen zu müssen, da ich es auch ab und zu auf der Elbe nutzte, wurde ich Mitglied im Kanuclub unserer Stadt. Der Verein ermöglichte eine kostenlose ständige Lagerung. Außerdem bot sich ein schönes Vereinsleben.

Höhepunkte waren Autoreisen mit dem Campinganhänger nach Bulgarien. Der „Klappfix" war ein idealer Reisebegleiter für Menschen, die gern in der Natur sind. Unterwegs konnte man eine „kleine Küche" für einen Kaffee oder eine warme Mahlzeit ausklappen. Am Abend baute ich gemeinsam mit meinem Sohn in wenigen Minuten ein Zelt auf diesem Hänger auf. So waren wir häufiger am Schwarzen Meer und tummelten uns in Bulgarien nahe der Grenze zur Türkei auf dem Campingplatz „Arapija" am schönen Strand beim Schwimmen und Windsurfen.

1982 mit dem „Klappfix" an der Donau auf dem Weg zum Schwarzen Meer

Mindestens jährlich drei bis vier Wochen preiswerter Urlaub auch an der Ostsee und ein bis zwei Wochen Wintersport in den Mittelgebirgen waren Programm. Selbst Skifahren in der Hohen Tatra wäre möglich gewesen. Wir besuchten die meisten osteuropäische Hauptstädte bis Moskau. Als Auszeichnung war ich auch mit dem „Freundschaftszug" in Leningrad, im heutigen St. Petersburg. Oft verbrachten wir Urlaube mit guten Freunden.

Die Kindheit unseres Sohnes

Unser Sohn hatte eine abwechslungsreiche Kindheit. Ein Jahr betreute ihn die Omi, die Mutter meiner Frau. Zwei Jahre besuchte er halbtags die Kinderkrippe und knapp vier Jahre den Kindergarten. Die Krippe mochte er nicht so sehr, aber der Kindergarten wirkte sich positiv auf seine Entwicklung aus. Wir konnten ihn ja auch meistens schon mittags abholen. Ab dem fünften Lebensjahr bekam er Klavierunterricht, sehr zum Stolz seines Opas, der Saxophon und Geige in einer kleinen Tanzkapelle spielte. Mit dem Schulanfang turnte er dann auch erfolgreich bei mir in der Unterstufengruppe unserer Schulsportgemeinschaft. Wochentags sah ich meinen Sohn und meine Frau öfter nur am Arbeitsplatz. Mutter, Vater und Sohn waren in der gleichen Schule. Das erwies sich nicht immer als problemlos. Da wir Noten, die er von anderen Kollegen bekam, nie monierten, verlief meistens doch alles glatt.

Anders als ich, war unser Sohn in diesem Alter schon recht groß. So legte ich ihm keinen Stein in den Weg, als er mit 10 Jahren meinte: „Vati, ich gehe jetzt zum Handball, da kannst du machen was du willst!" Ich begrüßte, dass er sich eine Mannschaftssportart ausgewählt hatte.

Heute bedaure ich etwas, dass ich nur wenige Handballspiele von ihm direkt mitverfolgt habe und noch mehr, dass ich selbst kein Musikinstrument erlernte.

Nach Abschluss des 10. Schuljahres gab es allerdings eine äußerst einschneidende Situation für unseren Sohn. Wir wussten, dass religiös gebundenen Schülern vom Staat der direkte Weg zu einem Studium häufig verwehrt wurde, indem man sie nicht zur Abiturstufe zuließ. Das war nicht unser Problem. Doch Offiziersbewerber wurden hingegen bevorzugt. Unser Sohn wollte selbstverständlich die zweijährige Abiturstufe in Angriff nehmen, um nach dem Abitur ein Studium aufzunehmen. Trotz eines Leistungsdurchschnittes von 1,0 wurde er abgelehnt, weil er, so die Begründung, nicht Offizier werden wollte. Diese willkürliche Maßnahme traf uns sehr. Es gab mehrere Schüler mit weniger guten Leistungsdurchschnitten, die zugelassen wurden, weil sie vorgaben, eine Offizierslaufbahn zu beginnen, aber dann nach dem Abitur doch eine andere Berufsrichtung einschlugen. Diese Mogelpackung kam für unseren Sohn nicht in Frage. Er wollte mal einen Beruf in der sich entwickelnden Elektronikbranche oder im musischen Bereich ergreifen. So organisierte ich selbst für ihn eine dreijährige Berufsausbildung als Rundfunk- und Fernsehmechaniker mit dem gleichzeitigem Erwerb des Abiturs.

Wir wohnten 20 Jahre in unserer Mietwohnung und in einem selbst schön gestalteten Wohnumfeld in der Dessauer Straße. Die Wohnung entpuppte sich als ein Pfund, mit dem wir „wuchern" konnten, denn damit kamen wir nach mehr als zwanzig Jahren doch noch kurz vor der Wiedervereinigung Deutschlands zu einem eigenen Haus. Wir konnten unsere Wohnung gegen ein 10 Jahre altes, also fast neues Reihenhaus eintauschen. Die Vorbesitzerin übernahm unsere Wohnung am gleichen Tag, als wir auszogen und in ihr Haus einzogen, das nach Übernahme ihres Restkredits nun unser Haus war. Kritiker unter unseren Kollegen meinten, wer kauft denn in dieser Zeit noch ein Haus? Sie konnten genau wie wir nicht voraussehen, dass dieses Haus in sehr kurzer Zeit ein Mehrfaches an Wert besitzen würde.

Doch es lief nicht alles glatt. Kurz vor der Wende entstand bei einer misslungenen Ohr-Operation in der Universitätsklinik in Halle bei mir ein großer Körperschaden, der mich nicht nur drei Monate direkt „außer Gefecht" setzte, sondern auch einen erheblichen dauerhaften Schaden mit Taubheit eines Ohres und Gleichgewichts- und Orientierungsstörungen verursachte. Ich wollte weiter arbeiten und kämpfte mich mit vielen Gleichgewichtsübungen zurück in das Leben. Trotz Anerkennung als Ärztehaftpflichtschaden erfolgte nach DDR-Recht nur ein minimaler finanzieller Ausgleich.

Einige Leser werden die Schilderung meines Lebensabschnittes in der ehemaligen DDR als Übertreibung oder gar als unglaubwürdig wahrnehmen. Ich wollte aber nicht die Diktatur des Staates, die Mangelwirtschaft und die fehlende große Reisefreiheit beschönigen. Im Gegensatz zu vielen Klischees, die im westlichen Teil der BRD vorherrschen und fast nur negativen Seiten bedienen, habe ich im Leben wie in meinen Darstellungen versucht, allem etwas Positives abzugewinnen. Ich begreife nicht, weshalb viele Politiker, welche die Mangelwirtschaft zu verantworten hatten und viele Prominente der ehemaligen DDR, die teilweise Privilegien besaßen und jetzt auch deutschlandweit bekannt sind, sich öffentlich dieser Klischees unterwerfen. Es existiert für mich kein Grund, etwas besser darzustellen, als es tatsächlich war. Mit Sicherheit sehen das auch einige Mitbürger anders. Für meine Familie kann ich behaupten, dass wir eigentlich nichts entbehrten. Das Leben war einfach und unkompliziert. Wir hatten keine Existenz- oder Zukunftsängste. Im Grunde lebten wir relativ sorglos.

Wende, „Stasi" und Treuhand

Ein Jahr nach dem Kauf unseres Reihenhauses ereignete sich die Wiedervereinigung Deutschlands. Nicht nur die gravierenden Veränderungen in der Gesellschaft, auch die erforderlichen eigenen Umstellungen waren Herausforderungen für uns alle. Fachberater gab es nun nicht mehr. So arbeitete ich wieder die volle Stundenzahl in den Fächern Mathematik und Sport sowie im Werkunterricht. Die große Wende gestaltete sich für mich und meine Familie zum Vorteil in unserem Leben. Uns war es vergönnt, zwei sehr unterschiedliche Gesellschaftsordnungen und auch unterschiedliche Bildungssysteme kennenzulernen. Wir registrierten schnell, dass es keinen Kompromiss zwischen den beiden Systemen geben würde. Klar wurde auch, dass es schon gar nicht möglich war, nur das Positive beider Seiten zu nutzen.

Mehrere Kapitel könnte ich sofort über die Probleme der DDR vor der Wende, der Übergangszeit und der jetzigen Zeit, des Alltagslebens und der Schulsysteme aus meiner Sicht schreiben. Doch das würde heute kaum jemanden interessieren, und es würden in den alten Bundesländern nur wenige Menschen glauben. Von der „Stasi" (Staatssicherheit) haben wir z. B. kaum etwas gemerkt. Die Stasi war, jedenfalls für mich, nicht das Hauptproblem, wurde aber in Westdeutschland offensichtlich so wahrgenommen. Ich möchte keine Behauptungen aufstellen, sondern stelle z. B. nur einige Fragen. Bedurfte es nach der Wende eines solchen „Aufhängers", der teilweise übertrieben in den Medien wiedergegeben wurde, um vor allem die vermeintlich so „geschundenen" Ostdeutschen etwa noch tiefer zu drücken? Ich empfand diese Situation sehr deprimierend, als hätte es im Osten nur Stasispitzel gegeben! Soll ich mich dazu äußern, wie ich jetzt über die permanente, nachhaltige und in Zukunft wohl nicht geringere Ausspähung denke?

Als mein Schwager, der als Diplomingenieur mit dem System in der DDR nicht einverstanden war, im Jahre 1984 lange nach Antragstellung plötzlich innerhalb von 48 Stunden in die BRD ausreisen „musste", vermutete ich schon, dass meine Familie von der Stasi ausgespäht wird. Deshalb habe ich nach der Wende nachgefragt, ob es für mich eine „Stasi-Akte" gibt. Ich konnte tatsächlich eine Kopie meiner Akte einsehen und fand überraschender Weise nur einen Eintrag vor. Und zwar ist mein „Trabbi" in der Nähe einer sowjetischen Garnison in Zerbst am Flugplatz „gesichtet" worden. Ich war aber nie dort! Nach einem Blick auf das Datum stellte ich dann fest, dass das Auto zu diesem Zeitpunkt noch dem Vorbesitzer gehörte. Das war meine einzige „Begegnung" mit der Staatssicherheit der ehemaligen DDR. Wer mich beobachtete, wollte ich nicht wissen. In der Kopie der Akte wurden die Hinweise dazu geschwärzt.

Natürlich waren uns die Repressalien der Grenzsoldaten, die Besucher aus der BRD oder wir selbst erfuhren, äußerst unangenehm. Ein Kriegskamerad meines Schwiegervaters, der in der BRD Polizist war, konnte nicht begreifen, warum ihn ein „Grenzer" dermaßen schikanierte, obwohl er ihm zu verstehen gab, dass er doch eigentlich sein „Kollege" sei. Sehr belastend wirkte für nahezu alle Deutschen die Situation an der Grenze beider Staaten. Eine Tante meiner Frau wohnte direkt im Grenzgebiet in Berlin/Johannisthal. Auch für den kürzesten Besuch war ein Passierschein erforderlich. Einmal wollten wir auf der Durchreise zur Ostsee kurz Onkel und Tante besuchen und fuhren mit unserem Auto direkt auf ihr Grundstück – ohne Passierschein! Das Auto „versteckten" wir schnell in der Garage. Selbstverständlich hatte die Grenzpolizei diese „Aktion" sofort mitbekommen. Ich musste gemeinsam mit dem Onkel zur Wache zum Verhör. Den Inhalt des Verhörs kann ich nicht mehr nachvollziehen. Ich habe nur noch in Erinnerung, dass der Onkel auf dem Rückweg mit mir zu seinem Grundstück noch immer zitterte und wir kurzerhand das Grundstück verlassen mussten.

Diktatur und Mauerbau in der ehemaligen DDR stehen hier nicht zur Diskussion. Über 1 000 Todesopfer an der innerdeutschen Grenze, das wahr sehr, sehr schlimm und darf keinesfalls verharmlost oder beschönigt werden. Warum haben aber etwa zwei Millionen Menschen diese Diktatur verlassen? Gründe gibt es viele. Hauptgründe waren sicher die Beschneidung der Freiheit und die Misswirtschaft.

Niemand kann jedoch beurteilen, wie das Leben nach dem Zweiten Weltkrieg bis zum Mauerfall in der ehemaligen DDR tatsächlich funktionierte oder nicht funktionierte, der nie einen Fuß in diesen Teil Deutschlands gesetzt hat. Doch das geschah.

Ein mir bekannter Akademiker aus Berlin (vom ostdeutschen Staat nicht gerade bevorzugt), der nach dem Mauerfall in den westlichen Bundesländern Arbeit suchte, bekam z. B. zu hören: „Wie konnten Sie nur in diesem Staat leben?" Als Antwort darauf verzichtete er auf eine weitere Arbeitssuche. Informationen aus „erster Hand" könnten Vieles offenbaren. Frau Birgit Breuel, ehemalige Präsidentin der Treuhandanstalt hatte mehrere Mitarbeiter. Es befand sich darunter auch ein Mitschüler, der schon vor dem Abitur unser „Professor" war. Ich hatte nur in einem Fach eine bessere Note als er, im Fach Sport. Im vergangenen Jahr, in einer anregenden Gesprächsrunde dreier ehemaliger Klassenkameraden haderte er noch immer mit der Sportnote. Diese verhagelte ihm das ausgezeichnete Abitur, obwohl er eigentlich vom Sportunterricht wegen der Fehlstellung einiger Finger hätte befreit werden müssen.

Die Gespräche waren für mich äußerst interessant und aufschlussreich. Die Fernsehserie „Weißensee" vermittelte dazu einen guten Einblick. Sie zeigte unter anderem neben den Konflikten, die sich für die Mitarbeiter der Stasi nach der Wende ergaben, wie die „blöden Ossis" von der Treuhand über den Tisch gezogen wurden. Für die meisten Mitbürger im Osten war zur Wendezeit nicht die Stasi, sondern die Vorgehensweise der Treuhand das Hauptproblem. Bei der Privatisierung von 14 000 Unternehmen gingen 2,5 Millionen Jobs verloren. Menschen aus Westdeutschland bestimmten über Fortbestand und Sanierung oder stellten einfach fest, dass der Betrieb nichts mehr Wert sei. War das menschlich gegenüber einem angeblich „unmenschlichen" Staat, der eigentlich nichts zu verschenken hatte? Besonders die ältere Generation fühlte sich herabgesetzt und teilweise sogar entmündigt. Das war keine Meisterleistung, wie in den Medien verkündet wurde.

Nach dem Mauerfall und der Einführung der D-Mark hat die Bevölkerung im Osten in erster Linie selbst dazu beigetragen, dass in der Industrie nichts mehr lief, da man nur noch Westprodukte kaufen wollte. Außerdem war die Konkurrenzfähigkeit der Betriebe im Osten natürlich ein großes Problem. Die hohe Arbeitslosigkeit war damit vorprogrammiert.

Gab es aber in der BRD kein anderes Ziel, als in erster Linie nur Absatzmärkte zu schaffen? Wäre eine spätere Einführung der DM nicht sinnvoller gewesen? Ein längerfristiger und gesteuerter Übergang mit Industrieansiedlungen und Steuervorteilen im Osten hätten meiner Meinung nach eine Alternative dargestellt.

Die Ostdeutschen versprachen sich ein freieres und besseres Leben, wählten die vom damaligen Bundeskanzler versprochenen „blühenden Landschaften" und hätten mit nicht minderer Kraft (vergleichbar mit dem rasanten Aufschwung in den fünfziger Jahren im westlichen Teil Deutschlands) die eigene Entwicklung mit Hilfe des wiedergewonnenen „großen Bruders" in Angriff genommen. So wäre es zu einer einvernehmlichen, preiswerteren und damit gelungenen Wiedervereinigung Deutschlands gekommen. Das sind realitätsferne Spinnereien? Auch das ist meine Meinung. Aber denken nicht viele Ostdeutsche ebenso? Doch im Westen schien es keine Alternative zur Treuhand zu geben. Die Bürger Westdeutschlands wissen sehr wenig über die Arbeit der Treuhand, weil darüber auch wenig berichtet wurde.

Ich habe mir mit Hilfe meiner Familie eine „blühende Landschaft" trotz großer Hindernisse, die ich noch beschreiben möchte, nach der Wende geschaffen. Das hat auch etwas länger gedauert, aber ich habe nicht gewartet, bis man mir „einen blühenden Garten" brachte. Leider hatte die Mehrheit der Bevölkerung in den neuen Bundesländern nicht die Voraussetzungen und die Kraft und vielleicht auch nicht das Glück wie ich und vor allem nicht die Unterstützung durch den Staat (die ich ja auch nicht hatte), die erforderlich gewesen wären, um durchzustarten.

Ich möchte hier nicht weiter politisieren, obwohl es noch Vieles zu sagen gäbe. Doch einige Fakten zu den Befindlichkeiten der Bürger Ostdeutschlands am Anfang der 90-iger Jahre gehören zu meiner Biografie. Ich möchte betonen, dass ich zu meiner Ost-Biografie stehe, so wie viele andere Mitbürger auch. Hingegen haben einige ehemalige Parteisekretäre und Direktoren wohl Gewissensbisse oder vielleicht auch nicht, da sie teilweise ihre Verwandtschaft im Westen Deutschlands leugneten und dicke „Westpakete" über Dritte empfingen. Sie machten sich zumeist „gen Westen" aus dem Staub, nahmen vom „Klassenfeind" die D-Mark mit Kusshand an oder blieben hier und wurden die größten „Wendehälse". Doch das war nur eine kleine Gruppe.

Einige Mitbürger (also eine andere Gruppe, die zu ihrer politischen Einstellung stand, nicht gemeint sind die „Parteibonzen") wurden jedoch zu „ewig Gestrigen" oder zu „Betonköpfen" abgestempelt. Sie hatten aber eine Vision, an der sie festhielten. Die Umsetzung der Ziele war jedoch gescheitert. Die Mittel erwiesen sich als ungeeignet. Ungeachtet der Ziele, der Aktivitäten und der Ergebnisse – welche der beiden Gruppen hätte eher Achtung verdient? Ich gehörte zu keiner der beiden beschriebenen Gruppen, habe aber eine feste Meinung zum kapitalistischen System, in welchem ich jetzt gut lebe, das mir aber doch Sorgen bereitet.

Am 5. Mai 2018 jährte sich der 200. Geburtstag von Karl

Marx. Obwohl er selbst ein Kind der Bourgeoisie war, erarbeitete er eine Theorie, die mit ihrer Umsetzung dem eigenen Stand die Grundlage entzogen hätte. Er strebte eine klassenlose Gesellschaft an. Seine Analysen und Vorhersagen haben durchaus Bezug zur heutigen Zeit. Er sah damals bereits den Einfluss der Technik auf die Entwicklung des Kapitalismus und die Anhäufung von Kapital und auch in gewissem Sinne die Globalisierung voraus. Auf vielfältige Art wurde gerade im letzten Jahr sein Leben und Wirken gewürdigt. Nicht überall kam das gut an. Mit Blick auf die verheerende Wirkung des erfolglosen Agierens der sozialistischen Staaten, die sich seine Theorie zu eigen machten, war das verständlich. Die Umsetzung der Ideen von Marx waren nicht nur zu seiner Zeit realitätsfern. Zudem war er Philosoph und in erster Linie Theoretiker, der nicht bereit war, als Funktionär eine Führungsrolle für die sich entwickelnde Arbeiterklasse zu übernehmen. Für die Realisierung seiner Theorie gab es damals noch kein Fundament. Egoismus und Machtstreben der Menschheit insgesamt wurden auch später für meine Begriffe zum größten Hindernis. Bemerkenswert erscheint, dass sich in der jetzigen Zeit immer mehr Jugendliche für seine Ideen interessieren. Die zerrissene Welt benötigt eine Vision. Kann man aber für die Zukunft an die Vernunft des Menschen glauben?

Anerkennung der Lebensleistung

Einige weitere Punkte möchte ich direkt ansprechen. Es geht mir um den Begriff Heimat, um die Anerkennung von Lebensleistung und die eigene Identifikation mit dem Staat. Das Gebiet der Mittelelbe ist ein sehr schönes, zum größten Teil naturbelassenes Gebiet. Das stelle ich fest, nicht nur weil ich hier geboren wurde. Es ist und bleibt meine Heimat, ungeachtet dessen, welches Gesellschaftssystem vorherrscht und welche Regierung gerade an der Macht ist. Der geografische Ort ist ja auch leicht einzugrenzen wenn, wie in meinem Falle, Geburts-, Wohn- und Arbeitsort nahe beieinander liegen. Aber wenn ich wegziehen oder gar auswandern würde, müsste ich sicherlich den Heimatbegriff neu definieren. Die Anerkennung der Lebensleistung durch den Staat scheint schon etwas komplizierter zu sein. Es geht einerseits um mich persönlich und andererseits um ganze Berufsgruppen. Es geht um einen erheblichen Teil der arbeitenden Bevölkerung der ehemaligen DDR. Ich habe bewusst die umfangreichen Details meines Lebens geschildert, nicht um mich hervorzuheben, sondern um das Leben, die Arbeit und Einstellung eines nicht bekannten Ostbürgers widerzuspiegeln. Ich war in meinem Leben eher zurückhaltend und habe lieber im Verborgenen als in der Öffentlichkeit gearbeitet. Im ersten Teil meines Lebens wurde dies auch anerkannt.

Nach der Wende gab es für viele Mitbürger ein Problem, nämlich die Anerkennung ihrer Lebensleistung durch den Staat. Ich denke, meine Biografie ist ein ausgezeichnetes Beispiel dafür, wie sich der „neue Staat" gegenüber bestimmten Berufsgruppen gezeigt hat. Für Diplomsportlehrer, Absolventen der DHfK in Leipzig, fiel der Verdienst nach der Wende im Osten Deutschlands oft recht bescheiden aus. Wenn sie nicht bereits zuvor eine Arbeit im öffentlichen Dienst besaßen oder in einem anderen Bereich tätig waren, sondern eine Anstellung beim DTSB (Deutscher Turn und Sportbund) als Kreissportlehrer oder bei einem der Sportfachverbände als Trainer hatten, wurden sie zumeist arbeitslos. Bekamen sie im wiedervereinten Deutschland im öffentlichen Dienst z. B. im Schulwesen mit nur einem Fach, dem Fach Sport, eine Anstellung, erhielten sie trotz des Hochschulabschlusses eine sehr schlechte Gehaltseinstufung.

Ich hatte zunächst auch hier wieder Glück, da ich bereits zuvor Angestellter im öffentlichen Dienst war. Außerdem „zahlte" sich nun aus, dass ich für ein zweites Unterrichtsfach qualifiziert war. Ich hatte, wie auch meine Frau, nach der Wende Arbeit. Ich besaß zwar keine Sonderstellung mehr, sondern war zunächst in eine Gehaltsgruppe eingeordnet worden, wie alle anderen Kollegen, die in zwei Fächern ausgebildet waren.

Nach Überprüfungen der Abschlüsse hatte meine Frau als Unterstufenlehrerin die gleiche Gehaltseinstufung wie ich.

Schön für meine Frau, könnte man meinen. Doch urteilen Sie selbst. Meine Frau absolvierte nach dem Abschluss der 10. Klasse eine dreijährige Fachschulausbildung und besaß die Lehrbefähigung als Unterstufenlehrerin und gleichzeitig die Berechtigung, als Heimerzieherin zu arbeiten. Sie erhielt bereits mit 19 Jahren ein Gehalt. Ich hatte Abitur und mit vierjähriger Hochschulausbildung und dreijährigem Fernstudium zwei Hochschulabschlüsse, jeweils mit Diplom. Wir erhielten aber beide die gleiche Gehaltsstufe. So sah die Anerkennung meiner Ausbildung und meiner Arbeitsleistung und damit eines großen Teiles meiner Lebensleistung aus.

Das ist eher ein Extremfall, denn die wenigsten Diplomsportlehrer im Osten Deutschlands haben vor der Wende eine zweite Hochschulausbildung in Angriff genommen. Ähnliche „Erfahrungen" machten jedoch Millionen mit dem neuen Staat. Die Anerkennung der Lebensleistung ist aber eine wichtige und grundsätzliche Frage des Zusammengehörigkeitsgefühls. In einer Partnerschaft, in der ein Partner nicht die Leistung des anderen anerkennt und auch nicht die Vorzüge des anderen wahrnimmt, wird man nie wirklich zusammenfinden. Die heutige Regierung sollte sich also nicht wundern, weshalb nach fast 30 Jahren der Wiedervereinigung beider deutscher Staaten die innere Einheit noch immer nicht vollständig vollzogen ist.

Die Anerkennung der Lebensleistung ist ein Grund, weshalb ich mich nicht ganz mit dem Staat Bundesrepublik Deutschland identifizieren kann. Es ist jedoch nicht der Hauptgrund. Ich hätte mir gewünscht, dass sich Deutschland nach dem Zweiten Weltkrieg bezüglich der Außenpolitik neutral verhalten hätte. Es wurden jedoch Militärbündnisse eingegangen und nicht nur Waffen hergestellt, sondern auch exportiert.

Ein weiterer Grund besteht darin, dass wir auch hinnehmen, dass Profitstreben unseren künftigen Lebensraum zerstört. Die exponierte Stellung unserer Autoindustrie ist mit Sicherheit ein wesentlicher Faktor für unseren jetzigen hohen Lebensstandart. Aber zu welchem Preis? Weniger offensichtlich, aber extrem belastend für die Umwelt sind weltweite Warentransporte und auch die Urlaubsgestaltung in der zivilisierten Welt. Wen interessiert wirklich, dass große Kreuzfahrtschiffe mit Schwerölen fahren und erheblich mehr Schaden für die Umwelt hervorrufen als tausende PKW? Im Umweltschutz tut Deutschland schon viel, aber dennoch viel zu wenig. Was bringt es, wenn im Klein-Klein mühsam etwas für die Umwelt getan wird, wenn diese gleichzeitig im großen Stil um des Profits Willens zerstört wird. Im Sport ist mir der faire Zweite sympathischer, als derjenige, der mit allen Mitteln Sieger sein will.

Die DDR kämpfte um das Überleben und die Industrie war eine einzige Dreckschleuder. Die Großmächte kämpfen mit ihrer Industrieproduktion und der Rüstung um die Vorherrschaft in der Welt und ignorieren jeden Umweltschutz.

Der kluge und fleißige Deutsche hätte nach dem sinnlosen Zweiten Weltkrieg Vorreiter für eine friedliche, saubere und gerechtere Welt sein können. Wurde diese Chance aber nicht schon vor mehr als 70 Jahren bereits vertan?

Was bringt uns die Zukunft? Ich verstehe zu wenig von Politik und und auch von den künftigen Technologien und will darüber nicht „orakeln". Für jeden, der mit offenen Augen durch die Welt geht, ist jedoch folgendes offensichtlich: Wir beherrschen auch in Zukunft die Natur nicht vollkommen, entfernen uns aber immer mehr von ihr. Schon vor uns betrieben einige Zivilisationen, allerdings unwissend, Raubbau mit ihrer Lebensgrundlage. Wir wissen als erste Generation, dass wir den eigenen Lebensraum zerstören, tun aber im Grunde nichts dagegen. Durch übermäßigen Konsum und Verschwendung natürlicher Ressourcen wird schon seit etwa 50 Jahren mehr verbraucht als die Erde liefern kann. Der Bevölkerungszuwachs auf der Erde wird diese Situation noch verschärfen. Wann wachen wir endlich auf?

Gravierend erscheint mir aber auch die immer stärkere Preisgabe unserer Individualität. Die Medien beeinflussen bereits jetzt einen Teil unseres Denkens. Die Digitalisierung bringt große Vorteile, birgt jedoch auch große Risiken für die gesamte Menschheit. Beim bereits jetzt vorliegenden Bewegungsmangel der heranwachsenden Generation werden

Vorteile, die moderne Medien mit sich bringen, immer mehr zu Nachteilen der körperlichen und geistigen Entwicklung. Wenn Regierungen auf negative Folgen immer nur reagieren, um den bereits entstandenen Schaden zu begrenzen und nicht bereits Im Vorfeld absehbare negative Entwicklungen unterbinden, haben wir nicht nur ein Problem. Künftige Generationen werden womöglich von der Technik beherrscht. Wollen wir das?

Der Einfluss der Bildung

Was mich persönlich sehr stark in der Tätigkeit als Lehrer in Ostdeutschland gestört hat war die „Doppelzüngigkeit", mit der fast alle in der ehemaligen DDR leben mussten. Im Beruf wurde teilweise etwas anderes gesagt als im privaten Bereich. So war „Westfernsehen" offiziell verpönt, wurde aber von nahezu allen heimlich und teilweise auch offen genutzt.

Im Sport- und Mathematikunterricht konnte man politische Aussagen unterlassen. Damit war das Problem nicht beseitigt, aber für mich zumindest erträglich. Konflikte, die sich aus den beiden Weltanschauungen und den beiden unterschiedlichen Lagern ergaben, blieben meiner Frau und mir weitestgehend erspart. Wir waren in keiner Partei, hatten (bis 1984, als mein Schwager in die BRD ausreiste) keine Verwandtschaft „im Westen" und hatten auch sonst keine Vorteile wie Einkaufsmöglichkeiten im „Intershop" mit „harter" Währung.

Die Erziehung in den Schulen wurde von staatlicher Seite in der ehemaligen DDR angeordnet. In den schriftlichen Unterrichtsvorbereitungen der Lehrer musste stets neben dem Bildungsziel auch ein Erziehungsziel angegeben werden. Teilweise „hochgeschraubte" sozialistische Erziehungsziele wurden in erster Linie für eine eventuell folgende Kontrolle durch den Direktor oder Fachberater aufgeschrieben, von den Lehrern aber nicht immer ernst genommen. Sie nahmen aber tatsächlich mehr Einfluss auf die allgemeine Erziehung, indem sie eng mit den Eltern zusammenarbeiteten und im

Unterricht und in vielen außerunterrichtlichen Veranstaltungen Werte und Verhaltensweisen vermittelten. Nur wenige Kolleginnen und Kollegen übertrieben es mit sozialistischen Parolen. Gemeinsames Gestalten, körperliche Betätigung, wie Sport und Spiel, Wandern und der Besuch von Veranstaltungen standen im Mittelpunkt.

Was Erziehung und näheres Umfeld bewirken, zeigt sich noch immer in der unterschiedlichen Mentalität der Menschen in Ost- und Westdeutschland. Unmittelbar nach der Wende konnte man nahezu allein aus dem Verhalten auf die Herkunft des Einzelnen schließen. Der Osten „tickt" anders. Selbst nach fast dreißig Jahren des gemeinsamen Weges gibt es insbesondere in der älteren Generation noch gewaltige Unterschiede, während bei jüngeren Menschen eine immer stärkere Angleichung erfolgt.

Viel beunruhigender ist jetzt weltweit der negative Einfluss von psychologisch auf hohem Niveau wirkenden „Gurus" auf Menschen in Sekten oder radikalen Gruppierungen verschiedenster Bereiche.

Genauso kann aber besonders der junge Mensch in eine positive Richtung gelenkt werden. Ich bin davon überzeugt, dass die Bildung – in Verbindung mit einer humanistischen Erziehung – der Schlüssel zu einem vernünftigen Leben für alle ist. Die am Anfang dieses Buches wiedergegebenen Ergebnisse einer Untersuchung des Allensbach-Institutes aus dem Jahr 2017 bestätigen ja, dass Personen mit einem höheren sozialökonomischen Status und höherem Bildungsstand aktiver in Erscheinung treten und damit auch gesünder sind. In der jetzigen Zeit kann meiner Meinung nach nur ein Gegensteuern durch eine umfassende Aufklärung und Bildung die Welt verändern. Schauen Sie sich aber nach dieser Feststellung das jetzige Bildungssystem in Deutschland an!

Versicherungen und Aktienhandel

Nach dem Fall der Mauer musste jeder im Osten unseres Landes sein Leben neu ordnen. Da ich nicht viel verdiente, was kurz nach der Wende auch verständlich war, arbeitete ich (beim Arbeitgeber angemeldet) zusätzlich als Nebenvertreter im Versicherungswesen. Wie mehrere hundert Arbeitssuchende der Region bin ich zunächst einem Betrüger aufgesessen. Ein nach einem Schneeballsystem funktionierendes Vertriebssystem versprach gute Verdienstmöglichkeiten. Vor allem der „Chef" verdiente daran, dass jeder Mitarbeiter neue Versicherungsverkäufer werben musste und die Provision vorrangig an die Spitze dieser Pyramide floss. Jeder Verkäufer musste für die geworbenen Mitarbeiter teure Mappen kaufen. Beim Ausscheiden wurden die Mappen aber nicht zurückgenommen. Der Mann an der Spitze achtete z. B. auch darauf, dass niemand während der Veranstaltungen zur Anleitung der Verkaufstätigkeit das überteuerte Mittagessen im Saal mied und etwa in der Gaststätte aß, wo das gleiche Essen preiswerter war. Durch den häufigen Wechsel seines Wohnsitzes war der „Boss" zudem auch schwer auffindbar. Der Verkauf einer an sich guten Unfallversicherung sollte durch einen bestimmten Wortlaut im Kundengespräch, das in den Veranstaltungen regelrecht trainiert wurde, erfolgen. Am Ende dieses Gespräches war der Verkäufer angehalten, etwa so vorzugehen: „Würden Sie für die genannten hervorragenden Leistungen der Unfallversicherung eine DM pro Tag ausgeben?" Antwortete der Kunde mit „ja", sollte ihm sofort mit den Worten: „Dann unterschreiben Sie bitte hier" der Vertrag vorgelegt werden. Damit schloss er eine Versicherung mit einer monatlichen Rate von 30 DM, also mit einem Jahresbeitrag von 360 DM ab.

Diese Taktik der Überrumpelung war nicht mein Stil. Als der Boss zur Ankurbelung des Geschäfts einen Wettbewerb ankündigte, nach welchem für die meisten verkauften Versicherungen in einem bestimmten Zeitraum eine Reise nach Rom versprochen wurde, war jedoch mein Ehrgeiz geweckt. Ich schaffe tatsächlich die meisten Abschlüsse. Als er dann aber kurzfristig das Reiseziel änderte, wurde ich skeptisch. So sagte ich ab und zwei junge Männer traten die Reise nicht nach Rom, sondern nach Paris an. Sie kamen sehr enttäuscht zurück, weil sie einen großen Teil der Kosten selber tragen mussten. Nachdem ich den neuen Wohnsitz des Chefs endlich ausfindig gemacht hatte, knallte ich ihm die Mappen, wofür ich das Geld nicht zurück bekam, auf den Tisch und verließ diesen „Verein".

Danach arbeitete ich nebenberuflich acht Jahre für eine seriöse Versicherungsgesellschaft. Schwerpunkt war der Abschluss von KFZ-Versicherungen. Mit einer Provision von 3,5 % war zwar nicht viel zu verdienen, zumal ich jährlich mit 70 bis 80 Versicherungsschildern von Mopeds in den umliegenden Dörfern unterwegs war, womit jeweils etwa 2 bis 3 DM vergütet wurden. Doch dadurch ergaben sich manchmal Abschlüsse von Lebensversicherungen, die eine gute Provision durch hohe Abschlussgebühren einbrachten.

Das nebenbei verdiente Geld wollte ich gewinnbringend anlegen. Ich suchte zunächst mit Sparkassenbriefen und Anleihen sichere und gut verzinste Geldanlagen, wurde Mitglied in einem Investmentclub und spekulierte dann auch selbst mit Aktien. Zunächst kaufte ich DAX-Werte. Als der Neue Markt boomte, die Spekulationsfristen sich noch günstig gestalteten, waren in kurzer Zeit gute Gewinne möglich. Ich ging große Risiken ein. Mein Motto war wie im Sport, so auch hier: „No risk, no fun", (kein Risiko, kein Spaß). In diesem Falle: Kein Risiko, kein Gewinn.

Das „schnelle Geld" hatte auch einen enormen psychologischen Einfluss. Es wirkte stark euphorisierend. Das ist eine recht positive Komponente für die Gesundheit. Man sollte ab und an also mal mit guten Freunden anregende Diskussionen führen oder mal sein Leben umkrempeln. Dann staunt man über die Wirkung. Auch eine neue Liebe soll ja euphorisierend und damit vorübergehend verjüngend wirken. Das funktioniert nicht nur bei Menschen. Hierzu fällt mir folgendes Phänomen ein: In unserer ehemaligen Reihenhaus-Nachbarschaft wohnte ein Arzt. Das ergraute Fell seines Dackels wurde wieder glatt und glänzend, als der Rüde eine junge Hündin an seine Seite bekam.

Euphorie ist die eine Seite. Risikoreiche Geldgeschäfte haben aber auch eine Kehrseite. Der Aktienhandel ist keine Einbahnstraße.

Zum Glück, ja ich hatte großes Glück, habe ich die Aktien

rechtzeitig verkauft. Bevor dem Neuen Markt die Luft ausging und die meisten Werte in diesem Segment ins Bodenlose stürzten, habe ich alle Positionen „glatt gestellt", aber nur, weil ich das Geld für den Bau eines Hauses benötigte.

Neben der euphorisierenden Wirkung bei Gewinnen lernte ich später auch die schmerzliche Seite des Aktienhandels kennen, die lähmend wirkt und durchaus gesundheitliche Schäden verursachen kann. Ich verlor über einen längeren Zeitraum viel Geld. Jeder kann sich vorstellen wie einem zumute ist, wenn man an einem Tag soviel verliert wie man in einem ganzen Monat verdient. Es „juckt" förmlich in meinen Fingern. Darüber könnte ich ein ganzes Buch schreiben. Aber über Geld spricht man bekanntlich nicht. Dennoch dazu ein Gedanke. Bei Geldgeschäften handele ich grundsätzlich nach der Devise: „In großen Dingen kleinlich und in keinen Dingen großzügig".

Ich hörte aber zunächst nicht auf zu spekulieren, um die Verluste wieder zu kompensieren. Eine flüchtige Bekannte „beichtete" mir einmal, dass ihr Lebenspartner ebenfalls mit Aktien spekulierte und sie nicht verstehen konnte, wie man so viel Geld verlieren kann.

Ich kann das durchaus verstehen. Trotz aller Vorsichtsmaßnahmen, wie die sorgfältige Auswahl von Einzelwerten oder das Setzen von Stopp-Kursen, bei welchen die Aktien automatisch verkauft werden, wenn sie einen bestimmten Kurs unterschreiten, kann es zu Verlusten kommen. Eigentlich sollen Verluste mit diesen Maßnahmen begrenzt werden. Bei sehr volatilen, also stark schwankenden Kursbewegungen kann ein „Stop Loss" aber auch zu größeren Verlusten führen. Oft „fliegt" man aus dem Geschäft in einem Tiefstpunkt und danach steigen die Kurse wieder. Oder man ist von der Qualität einer Aktie so überzeugt, dass man bei fallenden Kursen zunächst nicht verkauft, dann aber doch „kalte Füße" bekommt, wenn die Aktie immer weiter „fällt" und zu einem sehr ungünstigen Kurs „aussteigt". So machen viele Kleinanleger eher Verluste, als Gewinne. Ich musste erfahren, wie groß bei solchen Geschäften der psychologische Einfluss ist. Ruhiger lebt man ohne Aktien. Ich wandte mich wieder stärker dem Sport zu.

Diagnose: Zöliakie

Trotz schwerwiegender gesundheitlicher Handicaps von Kindheit an, konnte ich durch den Sport eine gute Leistungsfähigkeit erhalten. Bis zur Ohroperation im Jahre 1988 hatte ich mehr als 20 Jahre kaum einen Krankheitstag im Beruf zu verzeichnen. Mein Gesundheitszustand verschlechterte sich jedoch von Jahr zu Jahr. Der Grund war aber offensichtlich nicht die misslungene OP des linken Ohres, die zu einer dreimonatigen Pause im Arbeitsleben führte. Eine von vielen Ärzten fast 50 Jahre lang nicht erkannte Ursache einer Stoffwechselschwäche wirkte sich aber mehr und mehr negativ aus. „Der bekommt wohl nicht genug zu essen", musste sich meine Frau anhören. Eine Kollegin meinte gar: „Ein guter Hahn wird selten fett".

Erst nach dem 50. Lebensjahr, also nach der Wende, wurde die Ursache, eine Unverträglichkeit gegenüber europäischen Getreidearten, erkannt. Als ich nur noch 54 kg wog und die Gefahr bestand, dass ich Invalide würde, stellte ein junger westdeutscher Arzt im Blut Antigliadinkörper fest. Eine Biopsie im Dünndarm bestätigte die Ursache: Zöliakie. Mit konsequenter glutenfreier Ernährung ab 1995 erreichte ich wieder mein Körpergewicht von 65 bis 70 kg. Die über den großen Zeitraum anhaltenden und gravierenden Verdauungsstörungen gingen jedoch einher mit einer Colitis und Pankreasinsuffizienz. Die Colitis tritt in Schüben auf, die mit zunehmendem Alter in immer kürzeren Abständen wirken und somit weiterhin meine Lebensqualität einschränken.

Die Diagnose erklärte auch das schwache Wachstum und den dicken Bauch in der Kindheit, der mit der Zöliakie im Zusammenhang stand. Dass ich in der 8. Klasse der Kleinste war erwähnte ich bereits. Bei der Musterung war ich mit 17 Jahren nachweislich tatsächlich erst 169 cm groß und mit 22 Jahren bei Messungen im Seminar für Anatomie der Sporthochschule wurden exakt 175,2 cm vermerkt. Erst im Nachhinein wurde mir bewusst, dass diese Unverträglichkeit, insbesondere gegenüber Weizen, auch damit zusammenhing, dass ich mich im Urlaub in Bulgarien, wo vorwiegend Brot aus Maismehl gegessen wurde, besonders gut fühlte und an Gewicht zunahm.

Das Meisterstück

Ohne Aktien und ohne meine nebenberufliche Tätigkeit im Versicherungswesen wäre wohl ein weiteres Highlight in meinem Leben, unser Hausbau, nicht in dieser großzügigen Form gelungen. Nach dem „Gesellenstück" mit unserem Mietshaus und dem Kauf eines Reihenhauses kurz vor der Wende plante ich zehn Jahre später gemeinsam mit meiner Frau noch vor der Jahrtausendwende unser „Meisterstück", ein neues Haus. Ich war immerhin bereits 55 Jahre alt. In diesem Alter baut man eigentlich nicht mehr, denn ohne große Erbschaft muss man es erst mal als Angestellter schaffen, mit Beginn des regulären Rentenalters schuldenfrei zu sein. Beim damaligen Zinsniveau möglicherweise 25 Jahre den Kredit für ein Haus abzuzahlen hätte ich einem 55-Jährigen nie empfohlen!

Aber außergewöhnliche Umstände erfordern außergewöhnliche Planungen. Alle bisher gesammelten Erfahrungen wurden beim Bau des Hauses mit (für unsere Verhältnisse) vielen Besonderheiten verwirklicht. Wir besaßen ja bereits ein Haus und konnten in Ruhe planen und schon ein halbes Jahr vorher Möbel aussuchen. Da es alles zu kaufen gab, brachte dieses Vorhaben neben unserer beruflichen Tätigkeit kaum Stress, bereitete eher Genugtuung und Vorfreude.

Doch zunächst erlebten wir einen herben Rückschlag. Obwohl das bereits gekaufte Grundstück als Bauland ausgewiesen wurde, bekamen wir keine Baugenehmigung. Der Grund: Es war in dieser Ortslage kein Abwassersystem vorhanden. Alle Häuser, die hier nach 1945 errichtet wurden, besaßen Klärgruben. Der Bau dieser umweltbelastenden Anlagen war in den 90er Jahren nicht mehr gestattet. Nach langem „Kampf" mit allen möglichen Behörden wurde ein anderes, mit zusätzlichen Kosten verbundenes, aufwendiges System genehmigt.

Das Abwasser sollte zunächst in zwei abflusslosen Gruben

stufenweise geklärt werden. Danach war eine großflächige Verrieselung geplant, bei welchem das Gelände enorm aufgeschüttet werden sollte, um damit genügend Abstand zum Grundwasser zu erreichen. Das Erdreich dafür gewannen wir durch den Kelleraushub und durch den Aushub eines großen Fisch- und Schwimmteiches. So etwas ist auch nur auf einem großen Grundstück möglich.

Wir hatten wieder Glück, denn ursprünglich sollte unsere Grundstücksgröße 800 bis 1000 m² betragen. Da aber das zu erwerbende Grundstück nicht teilbar war, kauften wir (allerdings preisgünstig) die ganze Fläche, die etwa drei mal so groß war.

Nun bauten wir ein „richtiges Haus". Zunächst erschien äußerst wichtig, dass es altersgerecht sein sollte. Alles auf einer Ebene, breite Türen ohne Schwellen bildeten dazu die Grundidee. Wir bauten solide, mit vielen Extras, mit Keller und drei Erkern. So baut man eigentlich nicht, wenn man preiswert bauen möchte!

Wir realisierten aber auch viele nützliche Dinge. Eine gute Dämmung sicherte den Status eines Niedrigenergiehauses. Wegen der Elbnähe und des teilweise hohen Grundwasserstandes bauten wir den Keller vorsorglich mit einer „schwarzen" Wanne. Mit einer nahezu wartungsfreien und vor allem sauberen Elektrozentralspeicherheizung hatten wir bereits zuvor in unserm Reihenhaus gute Erfahrungen gemacht. Der damals noch preisgünstiger Nachtstrom erwärmte, wie auch im neuen Haus, 1400 Liter Wasser in zwei gut isolierten Speicherbehältern im Keller, das optimal in separat gesteuerten Heizkörpern im Wohnbereich genutzt werden kann. Im Bad installierten wir zusätzlich eine elektrische Fußbodenheizung und einen elektrischen Handtuchtrockner, die je nach Bedarf zusätzliche Wärme liefern.

Die WGT (Wärmerückgewinnungstechnik) im Keller sorgt dafür, dass die warme Abluft von Küche und Bad die Zuluft im Wohnbereich vorwärmt. So entsteht ein Kreislauf, in welchem innerhalb weniger Stunden ein kompletter Luftaustausch erfolgt. Mit Hilfe von Filtern bleibt das Haus zudem pollenfrei. Lüften wäre somit überflüssig. Trotzdem erfolgt täglich mehrmals eine zusätzliche Stoßlüftung. Die Solaranlage auf dem Dach für die Warmwassernutzung komplettierte das Ganze.

Wir hatten wieder Glück und brauchten die aufwändige Abwasseranlage nicht zu bauen. Noch während der Bauphase ergab sich die Möglichkeit des Anschlusses an das zentrale Abwassernetz, das wegen eines anderen Bauvorhabens in unserem Wohngebiet kurzfristig erstellt wurde. Damit konnten wir die bereits gebaute abflusslose Grube auf unserem Grundstück als Reservoir für Regenwasser nutzen. Die separaten Leitungen für eine Regenwassernutzungsanlage für die Toilettenspülung waren im Haus schon installiert worden. Um den selbst gestalteten Schwimm- und Fischteich mit Trinkwasser zu füllen, bzw. an heißen Sommertagen nachzufüllen, gibt es außerdem eine Gartenleitung mit separatem Wasserzähler, damit keine zusätzlichen Abwasserkosten entstehen.

Bemerkenswert ist vielleicht auch noch folgender Umstand. Der gesamte Erdaushub für Keller und Teich, der ursprünglich für die Erhöhung des Geländes für die geplante Abwasseranlage gedacht war, wurde nicht abtransportiert, sondern um das Haus herum großflächig angefüllt. So blieb das etwa 1 m über dem ursprünglichen Geländeniveau herausragende Kellergeschoss nicht sichtbar. Die Kellerfenster erhielten Lichtschächte. Es ergab sich damit ein leichtes Gefälle von der Terrasse zum Teich. An den Seiten des Hauses entstanden steilere Böschungen, die meine Frau mit Stauden und Sträuchern schön bepflanzte.

Während wir die Fertigstellung der Wohnetage fast ausschließlich den Profis überließen, hatte ich mit dem kompletten Kellerausbau, wie dem Einsetzen der Türen, dem Fliesenlegen, Anstrichen und Installationsarbeiten im folgenden Winterhalbjahr genug zu tun. Die möglichen Eigenleistungen haben wir nicht überschätzt, ein Fehler, den viele Bauherren begehen. So verlief alles relativ planmäßig. Eine Kollegin meinte sogar: „Wir haben gar nicht gemerkt, dass du baust." Man benötigt ein gewisses „Zeitpolster", um nicht ungeduldig zu werden und unzufrieden mit dem Erreichten zu sein.

Wichtiger ist noch eine „finanzielle Reserve". Man darf das Budget nicht vorher völlig „verplanen". Ein Kollege von mir war sehr entrüstet, als er während seines Hausbaues feststellte: „Hätte ich vorher gewusst, welche Nebenkosten noch für Versicherungen, Grundbucheintragungen, Gutachten, mehrfache Vermessungen, Anschlussgebühren und andere Genehmigungen auf mich zukommen würden, hätte ich nicht gebaut."

Bei den „Restarbeiten" im Haus, wie das Anbringen der Beleuchtung u. v. m. sowie beim Umzug hatten wir Unterstützung von unserem Sohn und von meinen Schwiegereltern. Den Bau der großen Terrasse nahm ich im folgenden Jahr in Angriff. Beim Setzen des langen Zaunes half wieder mein Sohn. Die Gestaltung des Gartens und das Anpflanzen von Bäumen erledigte ich dann gemeinsam mit meiner Frau. Teich und Bachlauf wurden erst im 2. Jahr nach Fertigstellung des Hauses angelegt. Die Folie für den Teich schweißte ein Fachmann vor Ort zusammen. Die Pergola baute ich dann wieder selbst auf.

Unser „Meisterstück", das Haus mit großem Vorgarten

Südseite mit Teich und Terasse

Zur Gestaltung des großen Gartens möchte ich nichts weiter erläutern. Scherzhaft meinte eine Freundin meiner Frau: „Wenn ich einen so großen Garten bearbeiten müsste, würde ich mich erschießen". Ein Schulfreund, der selbst ein Grundstück mit Haus in Berlin-Hoppegarten besitzt, besuchte mich im letzten Jahr und schrieb mir folgendes:

Lieber Otmar, diesmal möchte ich nur prüfen, ob ich Deine E-Mail-Adresse richtig behalten habe. Bei dieser Gelegenheit nochmals vielen Dank für die freundliche Führung durch Dein Anwesen. So muss man es eigentlich bezeichnen. Haus- und Grundstücksbesichtigung wäre zu wenig. Fünf verschiedene Gärten: Vorgarten, Terrassengarten, Teich und Entspannungsgarten, Obst-, Gemüse- und Blumengarten und wenn man so will ganz hinten der Freigarten weit weg vom Haus zum Meditieren. Und dann das Haus selbst, Chapeau und alle Achtung!...

7. Rentenalter

Rentner haben niemals Zeit

Mit dem 60. Lebensjahr gingen meine Frau und ich in Rente. Trotz meiner Schwerbehinderung fühlte ich mich noch fit und hätte durchaus bis zur regulären Rente ab dem 65. Lebensjahr als Lehrer weiterarbeiten können. Meiner Frau wäre das ebenfalls möglich gewesen. Sie liebte ihren Beruf außerordentlich, nahm schweren Herzens das damals recht günstige Altersteilzeitmodell wahr. Ich rechnete das „Für und Wider" durch und riet ihr dazu. Sie ist einige Jahre jünger als ich und konnte bereits mit 57 ½ Jahren zu Hause sein, weil sie ab dem 55. Lebensjahr infolge der Nutzung der Altersteilzeit je 2 ½ Jahre aktiv und passiv beschäftigt war. Somit war es uns möglich, fast zeitgleich den Ruhestand zu genießen. Meine Frau war 36 Dienstjahre vollbeschäftigt und arbeitete 5 Jahre in Teilzeit. Ich hatte aber nur 35 ½ Dienstjahre. Viel Rentenpunkte brachte das nicht. Wir haben diesen Schritt jedoch nie bereut und uns immer gesagt: Geld ist nicht alles. Wesentlich war, dass wir von Arbeitslosigkeit verschont blieben. Meine Frau verzichtete auch auf ein Babyjahr. Ihre Mutter stellte ihr großzügig ein Jahr ihren Arbeitsplatz als Erzieherin im Kinderhort der Schule zur Verfügung und betreute unseren Sohn. Danach hatten wir einen Kinderkrippenplatz. Der Kindergarten war dann für alle Vorschulkinder nahezu „obligatorisch".

Unsere Rente ist noch annehmbar, und das trotz des vorzeitigen Renteneintritts und des Unterschieds im Rentenniveau zu unseren Kollegen in den westlichen Bundesländern. Die westdeutschen Kollegen sind zumeist verbeamtet und erhalten eine günstigere Pension oder als Angestellte eine wesentlich höhere Gesamtrente. Dennoch sind wir nicht unzufrieden und eher dankbar. Wir wirtschafteten aber ehrlicherweise nach der Vereinigung Deutschlands, wie Nebentätigkeit, Aktienhandel und Hausbau gezeigt haben, stärker zum eigenen Wohl.

Jetzt machen wir Urlaub von Spanien bis zur Türkischen Riviera, von Skandinavien bis zu den Alpen. Das ist schon eine andere Dimension. Sehr beeindruckend war schließlich eine

USA-Reise mit den Kindern.

Die Meyers 2010 am Grand Canyon

Meine Frau erlernte noch mit 47 Jahren das Skifahren, und ich war bereits über 50, als ich meine Fähigkeiten im Skifahren noch enorm verbesserte und das „Wedeln" oder Kurzschwingen erlernte. Nahezu zwanzigmal waren wir regelmäßig in den Winterferien in Österreich, einige Male sogar zusätzlich zu Ostern. In Mühlbach am Hochkönig, in der Kopphütte, am Arthurhaus in der Nähe von Bischofshofen oder in Maria Alm oder Schladming machten wir Abfahrtslauf. Der Spaß und der günstige Erholungseffekt im alpinen Skisport führten dazu, dass die am Anfang der 90er Jahre neuerworbene Langlaufausrüstung nie benutzt wurde.

Wir waren auf das Rentnerleben gut vorbereitet. Die vielen Aktivitäten im Sport, Hobbys, die Familie unseres Sohnes, Kontakte zu vielen Freunden und angenehmen Nachbarn, der Besuch vielfältiger Veranstaltungen u. v. m. sorgen auch jetzt noch dafür, dass es uns nie langweilig wird. Mit der umfangreichen Arbeit im großen Garten sind wir zum Teil sogar

Selbstversorger und ernähren uns gesund.

Jetzt können wir tatsächlich feststellen: Rentner haben niemals Zeit! Durch ständige Aufgaben fühlt man sich im Alter nie nutzlos, bleibt mit relativer Sicherheit von Depressionen verschont und entgeht hoffentlich auch der Altersdemenz.

Der 70. Geburtstag meiner Frau

Anfang 2017 feierte meine Frau ihren 70. Geburtstag. Ich bin sehr stolz auf meine Frau. Sie besitzt eine gute Menschenkenntnis, hat mein Leben stark geprägt und mich vor vielen unbedachten Schritten bewahrt. Manchmal glaubte ich, dass sie mich zu sehr umsorgt. Die Verbindung Steinbock und Wassermann ist ihrer Meinung nach nicht optimal, aber wir haben uns in unserem Leben sehr gut ergänzt. Sie ist im Haushalt federführend und ich helfe, wo ich kann. Kaffee kochen, Frühstück und Abendbrot zubereiten, Betten beziehen und den Spülautomaten füllen und leeren, Abfälle kompostieren und Müll entsorgen oder Staubsaugen im Arbeitszimmer, im Schlafzimmer sowie in den Kellerräumen sind einige meiner festen Pflichten. Das Kochen überlasse ich meiner Frau, weil ich es nie so gut könnte. Putzen und Wäschewaschen sind auch nicht mein Ding.

Während sie verwandtschaftliche Verbindungen und Kontakte zu Freunden pflegt und Wohnung und Garten hervorragend zu gestalten versteht, bin ich für die Finanzen, Behörden, die Technik im Haus, Außenanlagen, schwere Gartenarbeit, Pflege von Bachlauf, Teich und Rasenflächen zuständig.

Wir können es uns leisten, Vieles gemeinsam zu machen, obwohl einiges unökonomisch ist. So fahre ich sie meistens zum Einkaufen oder zum Arzt, obwohl sie auch allein fahren könnte. Im Ort fährt sie meistens auch allein. Große Strecken oder Urlaubsfahrten mit dem PKW und alle Fahrten auswärts übernehme ich.

Das klingt nach einer vorbildlichen Ehe. Nun, so harmonisch geht es nicht immer zu. Es gibt auch viele Streitpunkte, aber meistens finden wir eine Lösung. Der 70. Geburtstag meiner Frau war dann ein guter Anlass, um einmal vor Gästen ein „Loblied" auf meine „zweite Hälfte" anzustimmen. Es sind wohl mehr nur einige Zeilen im Reim, wie man sie eben als Beitrag zu einer Geburtstagsfeier von sich gibt:

Zum 70. meiner Frau

Sie war nicht nur ein kluges Kind,

zeitig schon laufen konnte sie geschwind.

Bereits mit 3 Jahren deutete sich an,

was aus ihr mal werden kann.

In der Schule zeigte sie Ehrgeiz und Fleiß,

die Bestentafel der Schule ist der Beweis.

Sie hatte nicht nur in der Jugend eine gute Figur,

beim Tanzen wurde sie gefordert jede Tour.

1963 Kleinostern – wer hätte das gedacht –

ihr Schulfreund hat sie NICHT nach Hause gebracht.

Was nicht alles passieren kann!

Elli lernte kennen ihren späteren Mann.

Das Leben in Lödderitz fand sie immer schön.

Ihr Studium in Staßfurt – auch kein Problem.

Mit 19!!! – das Staatsexamen in der Hand –

mit Mann und Kind – ab in das Akener Land.

Beruf und Haushalt fielen nicht schwer.

Auch als Mutter kümmerte sie sich sehr,

Sohn Andreas entwickelte sich prächtig,

das freute auch den Vater mächtig!

Der Lehrerberuf brachte Erfüllung und Spaß.
Ihr Unterricht: nicht „0-8-15" – die Kinder lernten was!
Ob Deutsch oder Mathe oder Sport und Spiel,
ein gutes Lehrer-Schüler-Verhältnis war stets ihr Ziel!

Schwimmen, Schlittschuhlaufen und Skifahren
machten ihr Freude noch vor wenigen Jahren.
Sie pflegt Freundschaften, ist gern in der Natur,
ihre Hilfsbereitschaft hinterlässt bestimmt eine Spur.

Sie liebt Blumen und Tiere sehr,
ein eigenes Heim musste deshalb her.
Doch der Garten im Amselweg war zu klein.
Ein großes Grundstück sollte es sein!

Im Holländer Weg wurde sie schließlich fündig.
Der Hausbau wurde beschlossen – kurz und bündig.
Doch eilig und überhastet das bringt nicht viel!
Vorausschauend und gründlich – das ist ihr Ziel,

Planung und Bau machten richtig Spaß,
denn vom Gestalten versteht sie was!
Wir schafften uns ein schönes Zuhause.
Nun ist Elli glücklich ohne Pause!

Neue Leidenschaft: Wasserspringen

Ich war schon im Rentenalter, als ich mich in öffentlichen Bädern neben regelmäßigem Schwimmen mit dem Wasserspringen anfreundete. Ging ich anfangs mit meiner Frau gemeinsam und regelmäßig in der „Köthener Badewelt" nur schwimmen, verband ich das später auch mit einigen Sprüngen vom 1-m-Brett. Da wir beide stets 40 Bahnen schwammen, meine Frau dafür 45 und ich nur etwa 30 Minuten benötigte, nutzte ich die verbleibende Zeit eben für das Springen. Wenn man bedenkt, dass eine misslungene Ohroperation 1988 nicht nur zur einseitigen Taubheit, sondern auch zu gravierenden Gleichgewichts- und Orientierungsstörungen geführt hat, war dieser Schritt schon außergewöhnlich.

Als ich mit 63 Jahren nach vielen missglückten Sprüngen endlich den 1½ Salto vorwärts vom 1-m-Brett wieder beherrschte, war ich sehr zufrieden. Durch die verzögerte Wahrnehmung der Umwelt bei schnellen Bewegungen sah ich die Wasseroberfläche beim Eintauchen überhaupt nicht. Ich sprang praktisch blind. Dennoch den eigenen Körper so zu beherrschen und den Sprung zu steuern, dass ich gefahrlos eintauchen konnte, war ein sehr schönes Gefühl.

Ein 80-Jähriger meinte lobend: „Es sieht elegant aus." Ich führte diesen Sprung dann auch von der 3-m-Plattform aus, so dass einige ältere Schüler spontan Beifall klatschten. In der „Bernburger Saaleperle" konnte ich dann auch von einem 3-m-Brett springen. Ein junger Mann rief: „Respekt!". Kinder verfolgten interessiert mein Treiben. Wenn ein „Opa" Saltos vollführt, ist das ja schließlich nicht alltäglich! Oft kam es zu kuriosen Fragen, z. B. ob ich vom Zirkus käme, oder ob ich einmal Klippenspringer war.

Ein Mann im mittleren Alter teilte mir mit, dass er früher auch einen Salto gemacht hätte und fragte dann: „Waren Sie mal Wasserspringer?" „Nein", antwortete ich, „bei einem Wasserspringer sieht das anders aus, ich bin nur Hobbyspringer." Ich war insbesondere mit meiner Haltung nicht zufrieden.

Meine Körperhaltung beim Wasserspringen war wirklich nicht perfekt. Als 17-Jähriger hatte ich bei einem Unfall im Turnen einen kompletten Bruch des linken Unterschenkels. Ich kann den Fuß nicht mehr vollkommen strecken, da die Knochen nicht gerade zusammengewachsen sind. Deshalb musste ich sogar beim Weit- und Hochsprung vom linken zum rechten Bein als Sprungbein wechseln. Für den Sportunterricht wirkte sich das sogar positiv aus. Ich konnte durch diese Umstellung den Schülern z. B. beim Hochsprung die Technik sowohl mit dem linken als auch mit dem rechten Bein demonstrieren.

Zudem kam es bei einem Skiunfall in den 90er Jahren in Österreich zu einem weiteren bleibenden Körperschaden. Durch die Absprengung des Schultereckgelenks links ist auch das Strecken beider Arme zur Senkrechten nach oben eingeschränkt. Das Schließen beider gestreckter Arme über dem Kopf und das Erfassen der einen Hand mit der anderen kurz vor dem Eintauchen bei einem Kopfsprung sind nicht möglich. Mein Arm-Rumpf-Winkel beim Eintauchen ist kein gestreckter Winkel. Jeder kann sich vorstellen, dass die mangelhafte Arm- und Beinstreckung keine guten Voraussetzungen für eine gute Haltung im Wasserspringen sind.

Dennoch „bescheinigte" mir eine junge Frau im Dessauer Waldbad sogar eine sehr gute Haltung, als ich von der 5-m-Plattform sprang. Nun, man sagt, dass der Einäugige unter den Blinden der König sei. Bei mir ist das ähnlich. Weil nur die wenigsten Kinder, Jugendlichen oder Erwachsenen einen einigermaßen geraden Sprung im Freibad schaffen, waren meine Sprünge eben etwas Besonderes.

Nach einem Kopfsprung vom 1-m-Brett in Bernburg-Neuborna rief ein etwa 7 Jahre alter Junge: „Wetten, dass Sie das nicht vom Dreier schaffen!" Ich fragte: „Glaubst du das nicht?" „Nein", war die Antwort. Ich sprang dann erst noch einmal vom 1-m-Brett, aber keinen einfachen Kopfsprung, sondern einen 1½ Salto vorwärts. Der Kleine daraufhin: „Ja, ja – ich glaube Ihnen, sie haben die Wette gewonnen".

In der „Elbe-Schwimmhalle" in Magdeburg meinte ein junger Mann, der einen Sprung vom 10-m-Turm beobachtet hatte: „Einfach so?"

„Sie sind aber noch fit!", rief eine Frau mittleren Alters, als ich mit Anlauf und donnerndem Absprung von der 3-m-Plattform in der „Köthener Badewelt" einen 1½ Salto vorwärts sprang. Im sehr schönen Felsenbad in Landsberg bei Halle fragte ein kleiner Junge nach meinem gestreckten Salto rückwärts von der 5-m-Plattform sogar, ob er ein Auto-

gramm bekommen könnte.
Ein 6-Jähriger wollte wissen, wo ich das gelernt habe. „Du
musst eben üben und üben. Wenn du Rentner bist, kannst du
das dann auch". Seine logische Schlussfolgerung daraufhin:
„Ja, dann hat man ja auch mehr Zeit!"

Ich muss dazu sagen, dass dies ja alles interessant klingt,
aber um ernsthaft einen neuen Sprung einzuüben, gibt es in
Freibädern kaum gute Bedingungen. Deshalb bin ich kein
„Schönwetterspringer", sondern suche Übungszeiten mit
wenig Betrieb in öffentlichen Bädern. Im Nordbad in Halle
war ich bei trübem Sommerwetter einmal ganz allein auf dem
Sprungturm. Nur ein einsamer Schwimmer zog unbeirrt seine
Bahnen.

„Wo haben sie diese Tricks gelernt?"

Fragen, ob ich mal Leistungssportler oder Turmspringer
war, wurden häufig gestellt. Im Freibad in Wittenberg-Pieste-
ritz fragte ein etwas älterer Junge: „Wo haben sie diese Tricks
gelernt?" – „Ich habe sie mir alleine beigebracht". Das wollte
er mir nicht glauben. Das Erlernen solcher Sprünge ist ja auch
nicht einfach.

Das Wasserspringen stellt hohe Ansprüche an die Koordination und an die Genauigkeit der Bewegungen. Das sind
große Herausforderungen für den Übenden. Es müssen viele
komplizierte Bewegungen in sehr kurzer Zeit nacheinander
oder auch gleichzeitig ausgeführt werden.

Deshalb ist ein langwieriger Lernprozess über mehrere
Jahre erforderlich, um die notwendige Technik, Körperspannung und die Eleganz der Bewegung zu erreichen. Dann wird
der Sprung nicht nur für den Ausführenden, sondern auch für
den Zuschauer zum Erlebnis.

Ich habe Kopfsprünge und Saltos außerhalb eines Leis-
tungssportzentrums und außerhalb eines Vereins erlernt. Die
Kompliziertheit der Bewegungsabläufe ist aber auch ein
Grund, weshalb ohne Anleitung kaum jemand zur Perfektion
gelangt. Von Vorteil ist auf jeden Fall, wenn man zuvor vielfältige Bewegungserfahrungen sammelt. Die Bewegungsab-

läufe des Geräteturnens, insbesondere des Bodenturnens, der Akrobatik und des Trampolinturnens sind eng mit denen des Wasserspringens verwandt und bilden das „Trockentraining" in der Turnhalle. Der Sprung ins Wasser erfordert Mut. Im Freibad machen besonders die Jungen Kopfsprünge oder erzeugen mächtige Spritzer bei Paketsprüngen, die sie als „Arschbomben" bezeichnen. Der eine oder andere wagt sogar einen Salto. Mädchen geben sich vorrangig mit einem Fußsprung zufrieden, aber mit einer weitaus besseren Haltung.

Beim Versuch, nicht nur fußwärts, sondern auch kopfwärts einzutauchen oder gar Drehungen des Körpers auszuführen, sind allerdings auch unangenehmen Erfahrungen kaum zu vermeiden. Wasserspringen ist ein Höhenflug, der manchmal mit einer Bauch- oder Rückenlandung endet. Aus geringer Höhe führt das kaum zu Verletzungen. Es ist eher der Schreck, der etwas nachwirkt. Der Nervenkitzel ist aber gerade der Reiz dieser Sprünge. Mit zunehmender Höhe der Absprungstelle über dem Wasser wächst deshalb auch die Angst. Der erste Sprung kostet dann Überwindung. So mancher, der vom 5-m-Turm auf die Wasseroberfläche geblickt hat, kehrt um und bewegt sich lieber auf der Treppe wieder nach unten. Hat man sich aber überwunden, ist das Springen aus immer größeren Höhen ein Erlebnis.

Welche Bedingungen finden Kinder vor, die Freude an der Bewegung haben und etwa im Schwimmunterricht entdeckten, dass der Sprung ins Wasser viel Spaß bereitet?

Leider wird Kindern kaum die Möglichkeit gegeben, auch außerhalb des Leistungssports diese Sportart zu betreiben. Während es in Deutschland etwa 91 000 Vereine mit Angeboten im Breitensport gibt, ist die Anzahl der Vereine mit einer Abteilung Wasserspringen verschwindend gering.

Der Betrieb von Wassersprunghallen ist kostenaufwendig. Die Ausübung des Wasserspringens erfordert Wassertiefen von 3 m bis 5 m und wesentlich mehr Aufwand für die Aufsicht und Sicherheit als das Schwimmen. Wassersprunganlagen in Freibädern sind nur wenige Monate im Jahr für die Öffentlichkeit nutzbar. Ein individuelles Üben ist durchaus möglich. Ein separater, ungestörter Übungsbetrieb im Wasserspringen in öffentlichen Bädern ist aber eher selten. Hallenbäder werden heute vorwiegend als Spaßbäder oder Schwimmbäder ohne Sprunganlagen gebaut. So ist in vielen Bädern der Region und auch in den Hotel-Pools in den Urlauberzentren das beliebte Wasserspringen für Kinder fast überhaupt nicht möglich. Es existieren zwar riesige Wasserrutschen, aber selten Sprunganlagen mit Sprungbrettern oder Sprungtürmen. Diese werden in Hallenbädern nur für kurze Zeit geöffnet, wenn kein separates Sprungbecken vorhanden ist und beim Springen der allgemeine Bade- und Schwimmbetrieb gestört wird. Außerdem entsprechen in vielen Freibädern vorhandene Sprunganlagen nicht den neuesten Sicherheitsbestimmungen und bleiben deshalb geschlossen, bzw. werden nicht kostenaufwendig saniert, sondern abgerissen.

Ein kleiner Junge kennt z. B. aus Fernsehübertragungen von internationalen Meisterschaften oder Olympischen Spielen die tollkühnen Sprünge von Frauen und Männern vom Brett oder Turm. In einer anderen Fernsehübertragung wurden Jungen und Mädchen seines Alters bei Sprüngen vom Beckenrand und vom 1-m-Brett gezeigt. „Ich will so etwas auch lernen", meinte er. Wie kann dieses Vorhaben in die Tat umgesetzt werden?

In wenigen Großstädten (Berlin, Dresden, Halle, Leipzig, Rostock und Aachen) arbeiten hauptamtliche Trainer und Übungsleiter in Bundesstützpunkten, die im frühen Kindesalter ausgewählte Mädchen und Jungen systematisch auf sportliche Höchstleistungen vorbereiten. Außerhalb der Bundesstützpunkte und einiger Vereine, wie z. B. in Riesa oder Gera, existiert für Kinder kein flächendeckendes Übungssystem.

Für unseren kleinen Jungen bleibt vielleicht eine Alternative. In den meisten Städten und einigen Gemeinden gibt es Turnvereine mit Kinderabteilungen. Beim Turnen werden die Grundlagen des Wasserspringens ausgebildet. Neben der Schulung der notwendigen Kraft und Schnelligkeit, sowie der Beweglichkeit und Körperspannung werden auch vielfältige

Fertigkeiten wie Handstände, Drehungen und Saltos erlernt. Das sind hervorragende Voraussetzungen für das Erlernen des Wasserspringen.

Springer-Gala des TSC Berlin

Im Jahr 2010 bekamen meine Frau und ich Freikarten für die Springer-Gala der Wasserspringer des TSC Berlin von unserer Schwiegertochter geschenkt. Sie sorgte mit dem Auftritt einer Tanzgruppe des TMFV (Tanzsport- und Musikförderverein) Berlin-Mahlsdorf auf der Fläche zwischen dem Sprungbecken und dem 50-m-Schwimmbecken für das Rahmenprogramm dieser jährlichen Traditionsveranstaltung. Hier hatte ich zum ersten Mal direkten Kontakt mit Leistungssportlern im Wasserspringen. Mir imponierten die vielen kleinen Springer, die bereits mit 4 bis 6 Jahren gekonnt vom Beckenrand in das Wasser sprangen genauso, wie die Elitespringer um Patrick Hausding mit ihren sehr ästhetischen und komplizierten Darbietungen.

Im Anschluss an die Sprungshow war es für die Zuschauer möglich, ebenfalls einige Sprünge vom Brett oder Turm zu wagen. Ich sprang zum ersten Mal in meinem Leben von einem richtigen Wettkampfbrett. Da sich viele Kinder an den 1-m-Brettern tummelten, stieg ich sofort auf ein 3-m-Brett. Dieses war sehr „weich" eingestellt und ich bewegte mich beim Anlauf wie „auf Eiern". Es war völlig ungewohnt. Ich war sehr überrascht und führte aber trotzdem den geplanten 1½ Salto vorwärts aus, hatte aber große Mühe einigermaßen gerade einzutauchen. Danach sprang ich nur noch vom Turm. Vor allem Jugendliche und mehrere Männer im mittleren Alter zeigten hier jeweils ihr Können. Um bei der großen Anzahl der Springer die Sicherheit zu gewährleisten, wurde auf Zuruf der Höhe („fünf!", „sieben!" oder „zehn!") durch eine Aufsichtsperson des TSC jeweils für einen Springer die Anlage freigegeben.

Das Positive dieser Wettkampfanlage im Europasportpark in der Landsberger Allee war für mich, dass es einen Fahrstuhl für das Erreichen der 10-m-Plattform gibt. Nach einigen

Sprüngen von der 5-m-Plattform ließ ich mich nach oben transportieren. Bisher (und auch in meiner Jugendzeit) hatte ich nur einige gestreckte Fuß- oder Kopfsprünge im damaligen Freibad am Zentralstadion in Leipzig von dieser Höhe ausgeführt.

Nun wagte ich in 10 Metern Höhe einen Handstand, hockte während des Überfallens die Beine an, drückte mich mit den Armen ab, führte eine halbe Drehung rückwärts aus, streckte den Körper und tauchte fußwärts ein. Einfacher formuliert: Dieser Sprung ist ein Handstand mit „Abhocken". Die Wasserspringer bezeichnen ihn so: „Handstand mit „Durchziehen gehockt". Offiziell handelt es sich bei dem Sprung mit der Sprungnummer 631 C um einen „Handstand mit einem halben Auerbachsalto gehockt".

Als ich aus dem Sprungbecken gestiegen war, kam mein Enkel, der den Sprung nicht gesehen hatte, ganz aufgeregt zu mir und fragte: „Warst du das? Mein Freund hat gesagt, dass eben ein alter Opa auf dem Zehner einen Handstand gemacht hat."

Die Erlebnisse in Berlin haben mich stark motiviert. Ich wagte mich an immer schwierigere Sprünge. So lernte ich noch mit fast 70 Jahren einen Auerbachsalto aus 3 m Höhe, später auch von der 5-m- und von der 7,5-m-Plattform. Im Freizeitbad „Riff" in Bad Lausigk meinte ein Jugendlicher: „Ich glaubte immer, dass ich hier der Einzige bin, der das kann".

Nie habe ich solche Sprünge oder gar einen Handstand auf einem 10-m-Turm in meiner Jugendzeit gewagt, obwohl ich diese damals besser als im Rentenalter gekonnt hätte. Irgendwie bin ich mit dem Älterwerden mutiger geworden. Ich muss aber auch feststellen, dass ich im Laufe der Jahre das Risiko besser einzuschätzen vermag. Nach wie vor hatte ich die verrückte Idee, noch einen Doppelsalto, den ich ja in der Jugendzeit beherrschte, „wieder zu erlernen".

Den Doppelsalto vorwärts vom 1-m-Brett habe ich mit 70 Jahren einige Male ausgeführt, landete aber immer gehockt im Sprungbecken, da für eine Körperstreckung vor dem Eintauchen die Sprunghöhe zu gering war. Die einfachen Sprungbretter aus Plaste in den meisten öffentlichen Bädern ermöglichen auch kaum, infolge ihrer geringen Federkraft, einen hohen Sprungschritt vor dem Absprung. So führte ich nach kurzem Anlauf einen weiten flachen Aufsprung zur Brettspitze aus, ähnlich wie man das beim Schulsport beim Sprung über einen Bock gelernt hat. Die meisten Kinder und Jugendliche springen von den wenig elastischen Sprungbrettern in öffentlichen Bädern ebenso.

Ich machte auch einige Male den Versuch, einen Doppelsalto rückwärts aus 3 m Höhe auszuführen. Dabei stellte ich fest, dass ich keinerlei Orientierung hatte in welcher Lage mein Körper im Fallen war und „plumpste" irgendwie in das Wasser. Das ist aus dieser Höhe nicht sehr schmerzhaft, aber ein sehr unangenehmes Gefühl, wenn man ins Ungewisse stürzt.

Ab und zu versuchte ich aber auch einen 2½ Salto vorwärts gehockt vom 3-m-Brett. Sehr wichtig ist dabei, dass man möglichst hoch springt und die Arme aus der Hochhalte schwungvoll nach vorn führt, um die Beine schnell mit dem Griff zu den Unterschenkeln in eine enge Hocke zu ziehen. Nur so ist die erforderliche schnelle Drehung des Körpers um die Breitenachse gewährleistet. Dieser Sprung erfordert für den Hobbyspringer nicht nur gute körperliche Voraussetzungen, sondern vor allem Mut und eine gute Orientierung. Oft nahm ich mir vor, diesen Sprung zu probieren, aber meistens war ich zuvor irgendwie unruhig oder aufgeregt. Wenn ich dann doch einen Versuch startete, der misslang, weil ich keine Orientierung besaß, übte ich nie weiter. Fit war ich eigentlich, aber ich hatte keine Kontrolle während des Fluges, da ich zu keinem Zeitpunkt während der Schwerelosigkeit etwas von meiner unmittelbaren Umgebung sah. Es blieb immer bei nur einem Versuch. Oft wurde es nur ein 2¼ Salto, bei welchem ich mit den Füßen und dem Kopf gleichzeitig im Wasser landete. Manchmal fuhr ich ärgerlich nach Hause, weil ich nicht den Mut fand, Vorgenommenes umzusetzen. Schließlich hatte ich ja auch keinen Trainer, der mich motivierte, mir Tipps zur Sprungausführung gab oder mich durch eine methodisch aufbereitete Sprungfolge allmählich zum Ziel führte.

Weltmeister Patrick Hausding

Vor der Springer-Gala in Berlin konnte ich mit Patrick Hausding, Jahrgang 1989, vom TSC Berlin sprechen. Der zur Weltspitze gehörende deutsche Wasserspringer macht jährlich bis zu 15 000 Sprünge! Täglich übt er zweimal drei Stunden in der Sprunghalle und an Land auf der Akrobatikbahn oder auf dem Trampolin Saltos und Schrauben. Damit wird eine weitere Dimension des Trainings deutlich.

Bei den Europameisterschaften 2010 brachte er die Glanzleistung fertig, alle möglichen fünf Disziplinen mit einer Medaille zu beenden, und zwar zweimal Gold und dreimal Silber. Das waren die Einzelwettbewerbe vom 1-m-Brett, vom 3-m-Brett und vom 10-m-Turm sowie die Synchronwettbewerbe vom 3-m-Brett mit Stephan Feck und vom Turm mit Sascha Klein. Gemeinsam mit Sascha Klein wurde er gegen die starke chinesische Konkurrenz Weltmeister im Synchronspringen vom 10-m-Turm und mit ihm 9-facher Europameister in Folge.

Während Sascha Klein im Jahre 2017 nach der letzten gemeinsamen Bronzemedaille vom Turm bei den Weltmeisterschaften in Budapest seine Karriere beendete, macht Patrick noch weiter. Das ist nicht selbstverständlich. Während es in den Ausdauersportarten (Marathonlauf, Ski-Langlauf und auf andere Langstrecken verschiedener Sportarten) noch Weltspitzenleistungen in einem Alter von über 40 Jahren gibt, ist das Leistungszenit in Sportarten, in welchen Schnelligkeit und Maximalkraft erforderlich sind (Fußball, Sprung-, Wurf- und Stoßdisziplinen in der Leichtathletik, Turnen, Wasserspringen, Kampfsportarten ...), meistens mit 30 Jahren bereits überschritten. Diese Grenze hat hat Patrick Hausding bald erreicht.

Bei der Vielzahl der möglichen Sprünge geht es ja um die Feinform, bei internationalen Wettbewerben gar um die Feinstform der Bewegung, die das spritzerlose Eintauchen zum Ziel hat, weil nur so eine hohe Bewertung zu erwarten ist. Je mehr Drehungen um die Breiten- oder Längsachse des Körpers ausgeführt werden, umso höher ist der in einer Tabelle festgelegte Schwierigkeitsgrad des Sprunges, der als Faktor in die Bewertung eingeht. Bei den schwierigsten Sprüngen ist es unerlässlich, genau zu wissen, in welcher Lage sich der Körper befindet. Ein Springer mit einem derartigen Handicap wie ich hätte keine Chance.

Ein Sprung vom 10-m-Turm dauert etwa 1,8 Sekunden. Um noch möglichst viel Zeit für das Aussteuern und das Eintauchen zu haben, werden die Drehbewegungen extrem schnell ausgeführt. Für jede Drehung benötigt man möglicherweise nur 3 Zehntelsekunden. Speziell Drehungen um die Körperlängsachse, beim Wasserspringen als Schrauben bezeichnet, sind das „i-Tüpfelchen" der Sprünge. Bei diesen Drehungen ist eine noch höhere Geschwindigkeit der Drehungen möglich. Besonders für Schraubensprünge benötigt man deshalb eine optimale Orientierung.

Die Fallgeschwindigkeit beträgt im Augenblick des Eintauchens des Körpers in das Wasser etwa 50 km/h. Dann wird der Körper in sehr kurzer Zeit auf 0 km/h abgebremst.

Ein Formel-1-Wagen braucht vergleichsweise 2,5 Sekunden, um von 335 km/h auf 90 km/h zu verlangsamen. In beiden Fällen wird deutlich, welche enormen Kräfte wirken und welchen Belastungen die Sportler bei den notwendigen vielen Wiederholungen im Spitzensport ausgesetzt sind.

Popularität des Wasserspringens

Patrick Hausding wünscht sich für das Wasserspringen mehr Popularität. Er würde auch gerne selbst als Top-Springer dazu etwas beitragen. Nur wie? Dazu habe ich einige Ideen, die anderen Sportarten entspringen.

Trotz der Faszination der Sportart Wasserspringen für Zuschauer und Springer durch die ihr innewohnenden akrobatischen Schwierigkeiten, ihre Schönheit und Eleganz ist diese Sportart leider nicht sehr populär. Im Vergleich zu „König Fußball" wird Wasserspringen im Fernsehen nur selten gezeigt.

Was macht nun eine Sportart populär und für Sporttreibende und für Zuschauer interessant? Fußball, Biathlon und

Skispringen sind z. B. sehr unterschiedliche Sportarten, die Zuschauerrekorde aufweisen. Während in Deutschland nur einige Hundert Biathlon oder Skispringen ausüben, spielen Millionen Fußball. Den drei Sportarten gemeinsam ist die Tatsache, dass der Ausgang der Wettbewerbe schwer vorhersagbar ist. Neben dem Können spielt auch der Zufall eine Rolle. Es ergeben sich dadurch Überraschungsmomente und der Wettkampf bleibt für die Sportler und für die Zuschauer bis zum Schluss spannend. Die Leistung lässt sich mehr oder weniger objektiv beurteilen. Beim Fußballsport kommt hinzu, dass für Anfänger eine Wiese als Übungsplatz ausreicht und nahezu jeder mehr oder weniger gut Fußball spielen kann. Vorteilhaft ist auch, dass es relativ einfache Regeln gibt und auch, dass Fußball eine Mannschaftssportart ist. Das sind Kriterien, die das Fußballspiel von anderen Sportarten abhebt und weltweite Verbreitung sichert.

Eine Möglichkeit, die Sportart Wasserspringen zukunftsfähiger, attraktiver und populärer zu gestalten, könnte folgende Überlegung zu Grunde liegen:

Das Springen auf einer federnden Unterlage ist schon für Kleinkinder ein Spaß. Kein Wunder, dass sich nahezu auf jedem privaten Kinderspielplatz ein mit einem Sicherheitsnetz umgebenes Trampolin befindet. Auf öffentlichen Spielplätzen trifft man allerdings seltener solche Übungsmöglichkeiten an, denn viele Kommunen scheuen Vandalismus und Verletzungsrisiken. Ein zu ebener Erde eingelassenes kleines Trampolin findet man schon eher. Ein Kindergarten bezahlte für ein solches etwa 5 000 € teures Gerät mit allen Sicherheitsvorkehrungen und ebenerdigem Einbau rund 7 000 € aus Spendenmitteln.

Kommerziell nutzen jedoch viele Veranstalter den natürlichen Drang der Kinder zum Springen und kurzem Schweben in der Schwerelosigkeit durch den Aufbau von Hüpfburgen und Sprunganlagen.

Moderne Freizeitparks bieten abgeschlossene und gesicherte Anlagen mit mehreren Möglichkeiten zum Trampolinspringen an. Es werden sogar Trampolinhallen gebaut. Ein ursprünglich aus den USA stammender Freizeittrend wurde auch in Deutschland aufgegriffen. 2014 entstand der erste Trampolinpark in Hamburg. Im Januar 2017 wurde die größte Trampolinhalle Deutschlands in Leipzig eröffnet. Auf einer Fläche von 4 700 Quadratmetern stehen hier Kindern und Erwachsenen insgesamt 132 Trampoline zur Verfügung. Das bedeutet, Erwachsene können sich wie im Fitnessstudio auspowern und viele Kinder und Jugendliche versuchen, das federnde Springen, Drehungen und einfache Saltos zu erlernen. Könnte man diesen Trend nicht aufgreifen? Wenn Investoren Trampolinhallen bauen, dann sollte es auch möglich sein, Sprunghallen für viele Kinder und Jugendliche für das Wasserspringen, z. B. mit mehreren Minitrampolinen, zu errichten. Die zu schaffenden Bedingungen wären weniger kostspielig als die Errichtung großer Wassersprunghallen oder auch der herkömmlichen Sprunganlagen in Freibädern.

Ein Gedanke: Minitramps werden unmittelbar am Beckenrand aufgestellt. Der Absprung vom Minitramp sollte jedoch nicht nach einem Anlauf, sondern nach einem Niedersprung von einem kleinen Podest erfolgen. Das ist platzsparend und mindert die Unfallgefahr.

Dieses Prinzip könnte in der Freiluftbadesaison genutzt werden. Im Sommer ist der Drang zum Hallensport geringer und eine Sprunganlage am Wasser bietet doppelten Spaß. Der Aufwand für den Betreiber des Bades wäre kein großes Problem. Ein einfacher Steg bei ausreichender Wassertiefe oder eine schwimmende Insel reichen als Grundlage. Es fehlen nur noch einige preiswerte Minitramps, die darauf zu befestigen sind.

Ein spezielles quadratisches Trampolin mit einem Rahmen von 3,5 m x 3,5 m und einer Tuchgröße von 2,5 m x 2,5 m könnte auch für das Wasserspringen im Leistungssport genutzt werden. Wird die Vorderseite wie beim Doppelminitramp (DMT) oder beim Eurotramp ohne Rahmen konzipiert, kann die Sicherheit der Springer weiter erhöht werden. Das Material der Sprungtücher, die im Wasserspringen eingesetzt werden, könnte wie beim Leistungssport im Trampolinturnen aus einem netzartigen Geflecht von Nylonbändern mit geringen Breiten (4 mm oder 6 mm) bestehen. In Trampolinhallen bestehen die Sprungtücher meistens aus geschlossenem synthetischen Gewebe. Diese haben den Vorteil einer geringeren Verletzungsgefahr und sind preisgünstiger in der Herstellung. Sie besitzen jedoch nicht so gute Wurfeigenschaften, denn ein Netz mit möglichst schmalen Bändern lässt die Luft unter dem Trampolin besser entweichen und „federt" demzufolge besser.

Die Umsetzung folgender Idee könnte die Popularität des Wasserspringens erhöhen und eine Attraktion für den Freizeitsport darstellen: Bei den Weltmeisterschaften 2015 in Kasan sprangen die Klippenspringer von einer Plattform auf einem Gerüst in den Fluss Kasanka. 2017 in Budapest vollführten sie ihre Sprünge aber nicht in die Donau, sondern in ein großes, transportables Wasserbecken vor dem Parlament unmittelbar an der Donau. Warum sollte sich eine ähnliche Anlage nicht auch für das 10-m-Turmspringen eignen? Wenn die Zuschauer nicht in die Sprunghalle kommen, muss eben das Wasserspringen zu den Zuschauern gebracht werden. Wie wäre es mit einer Wassersprung-Show auf einer Festwiese oder in einem Fußballstadion oder gar auf dem Marktplatz? In vielen Städten, die über kein Freibad mit einem Sprungturm verfügen, könnten so attraktive Veranstaltungen im Turmspringen stattfinden.

Klippenspringerin Anna Bader

Wie überall im Leben gibt es auch im Sport, oder vielleicht sogar gerade im Sport, Extreme. Während im Leistungssport, insbesondere in den Olympischen Sportarten, Verletzungsrisiken möglichst gering gehalten werden und weltweit viele Sportler diese Sportarten ausführen, stellt sich der Extremsport anders dar – eben extrem! Vor allem das Risiko ist höher als im Leistungssport. Es werden Leistungsgrenzen dermaßen in Bereiche verschoben, in welchen geringste Fehler zu lebensbedrohlichen Verletzungen oder gar zum

Tode führen können. Meistens üben diese Sportarten weltweit nur wenige Sportler aus. Oft sind es auch nur Männer, die im Leben im Allgemeinen bereit sind, höhere Wagnisse einzugehen als Frauen.

Das olympische Turmspringen, das Springen von der 10-m-Plattform, ist schon risikoreich genug. Erhöht man nun die Absprungstelle auf das Doppelte oder gar auf das fast Dreifache, ist nicht nur die Sprungausführung schwieriger, sondern auch extrem risikoreicher. Da Sprünge aus solchen Höhen in früheren Jahren vorzugsweise von Klippen am Meer ausgeführt wurden, spricht man von der Extremsportart Klippenspringen (auch Cliffdiving). Relativ wenige, aber sehr langfristig und gründlich vorbereitete Sportler üben diese Sportart weltweit aus. Die jährlich stattfindende „Red Bull World Series" zieht in den Einzelveranstaltungen häufig mehr als 50 000 Zuschauer in ihren Bann. Ist der Nervenkitzel ein Grund des Zuschauerinteresses? Sicher nicht nur! Denn viele Extremsportarten sind den Zuschauern kaum bekannt.

Klippenspringen ist nicht olympisch. Die Entscheidung, bei den Weltmeisterschaften im Schwimmen 2013 in Barcelona auch diese Extremsportart in das Wettkampfprogramm aufzunehmen, wurde ein Erfolg. Die schwierigen Sprünge waren nicht nur für die Zuschauer am Fernsehgerät, sondern auch vor Ort absolut sehenswert.

Natascha Anna Bader, Jahrgang 1983, ist die bekannteste Klippenspringerin Deutschlands. Sie wurde 8-fache Europameisterin. Bei den Weltmeisterschaften in Barcelona errang sie die Bronzemedaille.

Anna Bader war zunächst Turnerin, begann dann mit dem Wasserspringen und begeisterte sich erst im Jugendalter für diese Extremsportart. Sie ist eine sehr elegante Springerin. Schon wenn sie auf dem 20 m hohen Podest zur vorderen Kante zum Sprung schreitet, wirkt sie sehr elegant. Für das Wasserspringen ist ihre perfekte Körperhaltung und Spannung natürlich von Vorteil. Ihr gestreckter Salto rückwärts aus dem Handstand rückwärts ist sehr ästhetisch und damit eine Augenweide. Für die Bewertung durch die Kampfrichter sind die vollendete Bewegungsausführung und das spritzerlose Eintauchen, das bei Klippenspringern im Wettkampf stets fußwärts erfolgt, Hauptkriterien. Für perfekt in der Haltung ausgeführte Sprünge bekommt Anna immer gute Bewertungen.

Inzwischen ist sie Mutter einer kleinen Tochter und nach einer längeren Pause wieder als „Cliffdiver" aktiv, doch auf extrem schwierige Sprünge will sie nun verzichten. Da aber der Schwierigkeitsgrad als Faktor in das Ergebnis eingeht, werden ihre schönen Sprünge nicht genügend honoriert. Bei Wettkämpfen hatte sie in Deutschland und in Europa zunächst im weiblichen Bereich keine Konkurrenz und sprang bei den Männern mit. Inzwischen gibt es neben den Amerikanerinnen auch starke Konkurrenz in Australien, in den europäischen Ländern und auch in Deutschland.

Die Frauen springen aus 20 m und die Männer aus 27 m Höhe. Die Flugdauer liegt je nach Höhe zwischen zwei und drei Sekunden. Die Flugzeiten sind vergleichbar mit den Zeiten beim freien Fall. Die Geschwindigkeit beim Eintauchen aus 27 m Höhe liegt nahe bei 85 km/h.

Zum Vergleich: Beim Skispringen auf mittelgroßen Schanzen beträgt die Flugzeit etwa fünf Sekunden, jedoch unter Ausnutzung eines Luftpolsters. Auf den größten Flugschanzen sind die Skiflieger sogar sieben bis acht Sekunden vom Absprung bis zur Landung unterwegs. Auch hier gehen die Springer ein hohes Risiko ein.

Wettkämpfe der Masters

Viele Sportler im höheren Alter geben sich mit einer angemessenen sportlichen Betätigung (vielleicht ein bis zwei Übungseinheiten pro Woche) nicht zufrieden, sondern streben auch den sportlichen Wettkampf – bei den Wettbewerben der Masters – in ihrer Altersklasse an. Einige trainieren sehr häufig und intensiv, so dass man fast von Leistungssport sprechen kann. Doch sind die körperlichen Voraussetzungen nicht mit denen eines Hochleistungssportlers vergleichbar. Aber vor allem einige ehemalige Leistungssportler erzielen noch ansprechende Leistungen. Was im jüngeren Alter erlernt wurde, geht im Alter nicht völlig verloren. Kann jeder an einem Wettkampf der Masters im Wasserspringen teilnehmen? Prinzipiell ja, wenn bestimmte Bedingungen erfüllt sind. Zur Abgrenzung zu den Meisterschaften im Leistungssport, wo andere Voraussetzungen in Bezug auf Alter und Leistungen gelten, spricht man ausdrücklich von den Meisterschaften der Masters oder der Senioren. Dieser Bereich ist auch im Deutschen Schwimmverband (DSV) integriert. Das Mindestalter der Wettkämpfe der Masters im Wasserspringen beträgt national 20 Jahre. Es gibt im männlichen und im weiblichen Bereich je 13 Altersklassen. Jede Altersklasse umfasst 5 Jahrgänge. Die AK 80+ ist die letzte Altersklasse im nationalen Bereich. International kann man ab 25 Jahren starten und es kommt die AK 85+ hinzu. Um an einem Wettkampf teilnehmen zu können, muss man zunächst Mitglied in einem Verein sein, der eine Sparte Wasserspringen hat und somit der FINA (Federation Internationale de Nation) angehört. Das ist der Internationale Sport-Dachverband für Schwimmen, Freiwasserschwimmen, Synchronschwimmen, Wasserball und Wasserspringen.

Der Verein beantragt dann die Registrierung in der DSV-Lizenzstelle in Kassel. Der Erwerb des Startrechtes erfolgt mit dem jährlichen Antrag für eine Jahreslizenz. Außerdem versichert der meldende Verein bei der Abgabe der Meldung zu einem Wettkampf, dass die Sportgesundheit des Wettkämpfers durch ein ärztliches Zeugnis, das nicht länger als ein Jahr zurück liegt, nachgewiesen werden kann.

Die Kosten für den Mitgliedsbeitrag, die Lizenz- und Startgebühren sowie die Reisekosten trägt in der Regel der Teilnehmer an Wettkämpfen der Masters selbst.

Anders als im Leistungssport, wo es beim Turmspringen sowohl bei den Männern als auch bei den Frauen nur Sprünge von der 10-m-Plattform ausgeführt werden, kann bei den Wettbewerben der Masters in allen Altersklassen die Höhe 5 m, 7,5 m oder 10 m gewählt werden. Es gibt sechs verschiedene Sprunggruppen:

1 - Vorwärtssprünge (der Springer beginnt vorlings und dreht vorwärts),

2 - Rückwärtssprünge (der Springer beginnt rücklings und dreht rückwärts),

3 - Auerbachsprünge (der Springer beginnt vorlings und dreht rückwärts),

4 - Delfinsprünge (der Springer beginnt rücklings und dreht vorwärts).

5 - Schraubensprünge (der Springer vollführt Drehungen um die Körperlängsachse),

6 - Sprünge aus dem Handstand (vorlings: vorwärts und rückwärts, rücklings: nur rückwärts).

Die Anzahl der Sprünge im Wettkampf reduziert sich mit dem höher werdenden Alter. So absolviert ein Springer der AK 20 vom Brett 7 und vom Turm 6 verschiedene Sprünge. Im weiblichen Bereich ist es jeweils ein Sprung weniger. Ein 80-Jähriger braucht nur noch 4 Sprünge vom Brett und 3 Sprünge vom Turm zu zeigen. Ab der AK 70 kann man sogar Sprünge mit der gleichen Sprungnummer aber in verschiedener Ausführung wählen. So ist z. B. ein Salto rückwärts einmal gehockt und einmal gestreckt vom Brett oder vom Turm möglich.

Mein erster Wettkampf mit 72 Jahren

Im Jahre 2014 schaute ich mir die Wettkämpfe der Wasserspringer der Masters bei den Deutschen Meisterschaften in Riesa an. Die wenigen Springer in meinem Altersbereich zeigten noch ansprechende Sprünge vom Brett und vom Turm. Ich beschloss, im folgenden Jahr ebenfalls an diesen Wettbewerben teilzunehmen. Die Lizenz konnte ich im Umkreis von 60 km nur beim SV Halle e. V., also von einem Verein des Schwimmsportverbandes mit einer Sparte Wasserspringen erhalten. In Sachsen/Anhalt gibt es nur hier, in der Schwimmhalle in Halle-Neustadt wie auch in der „Elbe-schwimmhalle" in Magdeburg und im Nordbad in Halle einen 10-m-Turm.

Während in Halle im Bundesstützpunkt nur Leistungssport betrieben werden kann, existiert in Magdeburg keine Sektion Wasserspringen. Der Turm, der in den Schwimmbereich hineinragt, ist auch nur einige Male in der Woche wenige Minuten öffentlich nutzbar.

Ich wurde 2015 Mitglied beim SV Halle. Trotz der Tatsache, dass es keine allgemeine Gruppe im Wasserspringen gab, räumten mir die Trainer einige Übungszeiten während des Trainings der Kinder und Jugendlichen ein. Doch ich kam selbst zur Einsicht, dass ich den Trainingsablauf störte. Besonders die Kinder wurden abgelenkt. Aus diesem Grund gehe ich weiterhin in den Sommermonaten vorwiegend in Freibäder der Umgebung und übe meistens unter ungünstigen Bedingungen einige Sprünge zur Vorbereitung auf die Wettkämpfe im Wasserspringen. In Dessau, Wittenberg oder Landsberg gibt es aber nur Türme mit einer Höhe von maximal 5 Metern. Unmittelbar vor einem Wettkampf mache ich dann mehrere Sprünge vom 10-m-Turm in der Sprunghalle der Wasserspringer des SV Halle in Halle-Neustadt oder im Nordbad in Halle.

Die Deutschen Meisterschaften im Juni 2015 in Freiburg im Breisgau wurden mein erster Wettkampf im Wasserspringen. Ich nahm zunächst Verbindung mit Jürgen auf. Er ist Referent für Wasserspringen in der Fachsparte Masterssport des DSV und startet selbst für den Verein TPSK (Telekom Postsport Gemeinschaft Köln). Er unterstützte mich bei den Meldeformalitäten.

Zusammen mit meiner Frau reiste ich bereits eine Woche vor den Wettkämpfen an, um einige Urlaubstage im Breisgau zu verbringen. Beeindruckend waren die schöne Innenstadt von Freiburg, das Freiburger Münster, die Aussicht vom Hausberg und der nahegelegene Kaiserstuhl. Ein Abstecher nach Frankreich und zum Bodensee, zur Insel Mainau, vervollständigten das Programm. Diese Planung erwies sich als günstig, um vor dem Wettkampf im Westbad in Freiburg einige Trainingssprünge zu absolvieren.

Als ich während meiner ersten Trainingseinheit den Sprungturm erklimmen wollte, begegnete mir unerwartet eine hübsche junge Frau, die ich vom Fernsehen kannte, die Klippenspringerin Anna Bader. Als ich sie ansprach und meine Überraschung zum Ausdruck brachte, hier eine Weltmeisterin zu treffen, korrigierte sie mich lachend: „Weltmeisterin bin ich nicht. Ich gewann eine Bronzemedaille in Barcelona." Im Gespräch erfuhr ich einiges über ihren sportlichen und beruflichen Werdegang. Ich war völlig happy und fragte, ob sie häufiger von Leuten, die sie erkennen, solche Gefühlsausbrüche erfährt. „Nein, das habe ich von Fans noch nicht erlebt", entgegnete sie.

Sie trainierte zusammen mit Kaja, einer ehemaligen Schwimmerin, die zum Wasserspringen gewechselt war. Von Annas Sprüngen aus dem Handstand von der 7,5-m-Plattform machte Kaja Videoaufnahmen, die sie sofort mit ihr auswertete. Da ich ebenfalls vom Turm sprang, bezogen sie mich mit ein.

Einen Auerbachsalto aus 5 m Höhe führte ich aus dem Anlauf aus und sprang mit einem Bein ab. Das ist ungewöhnlich, eher eine Freizeitsportvariante, aber auch im Wettkampf erlaubt. Anerkennend meinte Anna: „Diesen Sprung hätte ich auf Anhieb nicht gemacht." Normalerweise wird ein Auerbachsprung von einer Plattform aus dem Stand ausgeführt. Man springt mit geschlossenen Beinen vorwärts ab und dreht rückwärts. Ich wählte diesen Sprung mit Anlauf, um genügend Abstand zu erreichen, damit ich nicht mit dem Hinterkopf während der Rückwärtsdrehung die Plattform berührte, also aus Sicherheitsgründen, da die Sprungkraft im fortgeschrittenen Alter ja erheblich geringer ist.

Dadurch ist der Sprung für den Anfänger relativ schwierig und erfordert Mut. Er erscheint vor allem dem „Nichtsportler" durch den einbeinigen Absprung aber spektakulärer als er tatsächlich ist. So mancher Jugendliche bewundert einen solchen Sprung. In Leipzig fragte mich ein Student, wie alt ich sei und kommentierte: „Wenn ich so alt bin, möchte ich auch noch so fit sein."

Klar war, dass ich in der AK 70 nur am Wettbewerb vom

Turm teilnehmen würde. Obwohl ich auch einen Sprung von der 10-m-Plattform beherrschte, sprang ich nur von der 5-m-Plattform. In Freiburg waren etwa 70 Teilnehmer gemeldet. In meiner Altersklasse allerdings nur zwei. Ich hatte den Eindruck, dass ich bei den Wasserspringern im Kreise der Masters gut aufgenommen wurde und fühlte mich unter den zu 90 % aus Westdeutschland kommenden Sportlern recht wohl. Kristin (Jahrgang 1941, TPSK Köln), die älteste Teilnehmerin der Frauen, schaute mich etwas ungläubig an, als ich ihr sagte, dass dies mein erster Wettkampf im Wasserspringen sei.

Ich war vor dem Wettkampf im Turmspringen sehr aufgeregt. So ging einiges schief. Beim ersten Sprung, einem 1½ Salto vorwärts gehockt, wartete ich nicht den Pfiff des Kampfrichters ab, der den Beginn des Sprunges nach dem Aufruf des Namens freigab. Vom hinteren Teil der Plattform ging ich schon früher nach vorn zur Sprungausführung. Der Pfiff ertönte während des Vorgehens. Zum Glück wurde ich nicht zurückgepfiffen.

Der zweite Sprung, ein gestreckter Salto rückwärts, war leicht „verdreht". Wahrscheinlich durch ungleichmäßigen Armeinsatz wurde eine leichte Drehung um die Längsachse verursacht.

Beim dritten Sprung, dem Auerbachsalto gehockt mit Anlauf und einbeinigem Absprung, erreichte ich nicht den richtigen Anlaufrhythmus, weil ich unerklärlicher Weise mit dem falschen Bein loslief.

Beim vierten Sprung, dem halben Auerbachsalto gehockt aus dem Handstand, erhielt ich dann von einem der fünf Kampfrichter sogar die Note 7,5. Drei Noten von 6,5 gingen in die Wertung ein.

Mein Ziel, bei allen Sprüngen mehr als 5 von 10 möglichen Punkten von jedem Kampfrichter zu erhalten, habe ich nicht ganz geschafft. Damit verfehlte ich mit insgesamt 99,40 Punkten die angestrebten 100 Punkte und wurde hinter Dieter (SV Straubing), ebenfalls Jahrgang 1943, Deutscher Vizemeister.

Leistungssportler und Trainer werden über das Ergebnis

von knapp 100 Punkten für vier Sprünge lächeln, erreicht doch ein Spitzensportler diese Punktzahl mit einem einzigen Sprung mit hohem Schwierigkeitsgrad und guten Wertungen. Dieser Vergleich ist eigentlich unangebracht, relativiert aber meine Leistung. Ich bin mir darüber im Klaren, dass es in Deutschland, sicher aber weltweit, hunderte von rüstigen ehemaligen Leistungssportlern in meinem Alter gibt, die noch zu einer besseren Leistung im Wasserspringen fähig wären, sich aber einem Wettkampf nicht mehr stellen. Es macht mich und auch meine Familie stolz, dass ich als Hobbysportler und zudem als Schwerbehinderter eine solche Herausforderung bewältige.

„Man kommt ja nicht mehr hoch"

Wozu ein 80-Jähriger im Wasserspringen noch fähig ist, zeigt folgendes Beispiel: Heinz (Jahrgang 1935) wurde im Jahre 1957 mit 22 Jahren Deutscher Meister im Turmspringen. Mit dem Eintritt in das Rentenalter begann er wieder mit dem regelmäßigen Training beim SV Köln. Er verfolgte mit einfachsten Mitteln und dem anspruchsvollen Wasserspringen das Ziel, gesund und fit zu bleiben. Noch heute arbeitet er als Masseur, um die Miete für eine große Wohnung in Köln aufzubringen, weil er nur eine kleine Rente bezieht. Täglich macht der Ausnahmeathlet eine intensive Gymnastik. Er ist noch erstaunlich beweglich und hat beim Wasserspringen eine gute Körperspannung.

Vor einigen Jahren sagte er in einer Fernsehsendung, in welcher auch sein Lieblingssprung, der eineinhalbfache Salto vorwärts mit einer ganzen Schraube gezeigt wurde, dass er mit 75 Jahren noch 5 mal in der Woche trainiere und bis zu 70 Sprünge an einem Tag absolviere. Ein Vergleich mit einem Leistungssportler ist hier durchaus angebracht.

Das Sprungprogramm von Heinz vor einigen Jahren in der AK 75 vom Turm:

Eineinhalb Salto vorwärts gehechtet, Kopfsprung rückwärts gehechtet, Kopfsprung rückwärts mit halber Schraube, eineinhalb Salto vorwärts mit einer Schraube.

Bei den 47. Internationalen Deutschen Meisterschaften im Kunst- und Turmspringen der Masters 2015 in Freiburg im Breisgau startete Heinz mit einem etwas leichteren Programm in der Altersklasse 80+. In letzter Zeit beklagte er jedoch die nachlassende Sprungkraft. In einem Gespräch mit mir äußerte er: „Man kommt ja nicht mehr hoch." Ich kann das aus eigener Erfahrung bestätigen. Im Hochsprung übersprang ich während meines Sportstudiums die Latte bei 1,60 m. Mit einem beidbeinigen Absprung aus dem Stand erreichte ich eine Sprunghöhe von 60 cm. Jetzt schaffe ich etwa die Hälfte. Ich besitze eine Reichhöhe von 2,20 m und kann gerade noch die Decke in unserem Flur in 2,50 m Höhe nach einem beidbeinigem Absprung mit den Fingerspitzen erreichen.

Die Sprungkraft kann z. B. bei einem Test aus der Differenz der Reichhöhe mit einem Arm an einer Wand und dem höchstmöglichen Berührungspunkt nach einem beidbeinigem Sprung aus dem Stand festgestellt werden. Somit erhält man den Wert, den der Körperschwerpunkt angehoben wird. Spitzensportler erreichen 80 cm und mehr. Basketballer sind z. B. in der Lage, allerdings auf federndem Hallenboden und nach kurzem Anlauf, über einen Meter hoch zu springen.

Die geringere Kraft im fortgeschrittenen Alter macht sich besonders beim Springen vom Brett bemerkbar. Die Sprünge mit geringer Höhe sehen dann nicht mehr so „gekonnt" aus. Muss aber ein Springer, der einen Sprung vom 10-m-Turm ausführt, auch noch hoch springen? – Ja, denn er gewinnt dadurch Zeit und die Kampfrichter bewerten auch diesen Teil des Sprunges.

Wenn der Springer im freien Fall z. B. aus einer Höhe von 10,50 m statt von 10 m in das Wasser stürzt, bringt das etwa nur drei Hundertstelsekunden an Zeitgewinn. Springt er aber von der 10-m-Plattform noch einen halben Meter hoch, gewinnt er etwa drei Zehntelsekunden, weil die Zeit für das „Steigen" um einen halben Meter genauso groß ist, wie beim Fallen um die gleiche Strecke vom höchsten Punkt der Flugbahn. Dadurch wird ein schwieriger Sprung infolge der längeren Flugzeit möglich. Selbst ein Klippenspringer, der aus 27 m

Höhe abspringt, muss seine Sprungkraft trainieren und von der Plattform zunächst möglichst hoch springen, um einen fünffachen Salto ausführen zu können.

Heinz gewann in Freiburg das Kunstspringen vom 1-m-Brett und das Turmspringen sowie die Kombination. Im Wettbewerb vom 3-m-Brett wurde er nur Zweiter hinter Werner (Jahrgang 1930), dem ältesten Teilnehmer dieser Meisterschaft. Dieser führte alle Sprünge in guter gestreckter Haltung aus dem Stand aus (die Rückwärtssprünge werden ja generell sowohl vom Brett nach leichtem Federn als auch vom Turm aus dem Stand ausgeführt, während bei Vorwärtssprüngen durch den Anlauf die Sprunghöhe gesteigert werden kann).

Das Wettkampfprogramm von Werner (TPSK Köln) vom 3-m-Brett:

Kopfsprung vorwärts gestreckt, Kopfsprung vorwärts mit ½ Schraube gestreckt, Kopfsprung rückwärts gestreckt, Kopfsprung rückwärts mit ½ Schraube gestreckt.

Bemerkenswert ist die Tatsache, dass Werner nach dem Wettkampf ein wenig mit dem derzeitigen Reglement haderte. Seiner Meinung nach müsste es auch, wie international, eine Altersklasse 85+ geben (dann wäre er in dieser AK alleiniger Starter und damit auch vom 1-m-Brett Deutscher Meister geworden!).

„Du bist verrückt!"

Inzwischen bin ich Mitglied in fünf Clubs und Vereinen. Neben der Mitgliedschaft beim SV Halle bin ich Mitglied im Kanuclub Aken. Zudem trainiere ich beim PSV (Polizeisportverein) in Dessau. Bei den Turnern fühle ich mich sehr wohl. Ich bin zwar hier auch der älteste Aktive, aber es gibt einige sehr nette Frauen und Männer im mittleren Alter, die mich unterstützen. Unter Anleitung von Maik, einem ehemaligen Leistungssportler sind die Übungsstunden interessant und abwechslungsreich. Ich mache nur soviel wie ich verkrafte. Gymnastik, Trampolinspringen und Bodenturnen bilden für mich hier besonders im Winterhalbjahr das „Trockentraining". Dadurch besitze ich noch immer eine gute allgemeine Fitness. Ich schaffte z. B. mit 74 Jahren noch 10 Klimmzüge.

Darüber hinaus bin ich gemeinsam mit meiner Frau in einem Tanzclub und im Seniorenclub der Lehrer aktiv. Beim Tanzen befinden wir uns in angenehmer Gesellschaft. Bei teils tiefsinnigen und teils lockeren Gesprächen und humorvollen Einlagen wird viel gelacht. Mit meiner Frau versuche ich mich dann auf der Tanzfläche auszupowern, indem wir meistens die etwas sportlichere Variante mit größeren Schritten und schnelleren Drehungen wählen.

Im Mai 2016 war ich zum Training in der Sprunghalle in Halle-Neustadt zur Vorbereitung auf die Wettkämpfe der Masters in Rostock. Für die geplante Veranstaltung „Sprung meines Lebens" im Nordbad in Halle machte gerade das Fernsehen des Mitteldeutschen Rundfunks (mdr) mit Andreas Wels und dem Boxer Dominic Bösel, Fernsehaufnahmen.

Andreas Wels, gemeinsam mit Tobias Schellenberger Silbermedaillen-Gewinner von Athen 2004 im Synchronspringen vom Turm, ist Organisator der inzwischen zur Tradition gewordenen Veranstaltung, in welcher sich Persönlichkeiten und Spitzensportler der Region durch einen Sprung vom Turm des Nordbades in Halle in einer gut inszenierten Show einem großen Publikum zeigen.

Der mdr wurde beim Training auf mich aufmerksam und wollte mit mir ein Langzeitporträt über mehrere Monate bis zu den Deutschen Meisterschaften in Rostock über meine außergewöhnlichen sportlichen Aktivitäten gestalten. Sabrina versuchte, mich zu überzeugen und ließ von ihrem Kameramann meinen Handstand auf dem 10-m-Turm aufnehmen. Ich sagte jedoch ab. Einerseits musste meine Frau in diesem Zeitraum zur Hüft-Operation, wodurch wir sogar unsere Feier zur Goldenen Hochzeit verschieben mussten. Andererseits liegt mir nicht viel am Rummel in der Öffentlichkeit. Außerdem hätten sich einige Sportler bei den Deutschen Meisterschaften der Masters in Rostock schon gewundert, wenn ich als einer der schwächeren Springer mit einem Team vom Fernsehen angereist wäre.

Mein Sprungprogramm in Rostock hatte ich leicht geändert. Meinen Standartsprung, den 1½ Salto vorwärts von der 5-m-Plattform, begann ich mit einem Anlauf. Den Salto rückwärts führte ich nicht gestreckt, sondern gehockt aus. Das ist ein geringerer Schwierigkeitsgrad, dafür ist das Eintauchen besser steuerbar. Den Handstand machte ich diesmal erstmals im Wettkampf auf der 10-m-Plattform, wofür ich zweimal die Note 9 erhielt. Ein „Altersbonus" spielte dabei sicherlich eine Rolle. An Stelle des Auerbachsaltos plante ich einen neuen Sprung, einen 1½ Salto rückwärts gehockt aus einem Handstand rückwärts (die Körpervorderseite zeigt dabei im Handstand zum Wasser). Doch beim Training hatte ich ein leichtes Schwindelgefühl und änderte diesen Sprung kurzfristig. Ich sprang doch meinen „krummen" Auerbachsalto, für welchen unerwartet sogar dreimal die Note 7 in die Wertung einging. So wurde ich in meiner Altersklasse im Alleingang Deutscher Meister.

Im Tanzclub in Köthen bleibt in Gesprächen unter den sechs Paaren an unserem Tisch, darunter sechs Pädagogen (alle sportlich aktiv oder zumindest sehr interessiert), natürlich das Thema Sport nicht ausgespart. Dieter ist Deutscher Meister im Bosseln und sogar international mit der 1. Männermannschaft von Köthen unter-

wegs. Manuela hat in Leipzig an der DHfK studiert und arbeitete im Studentensport. Edmund ist im Tischtennis aktiv und Schatzmeister im Verein. Nach der Frage, wo ich im Sport noch tätig sei sprach ich vom Wasserspringen. Dieter fragte etwas ungläubig: „Was, richtig Turmspringen, so vom 10-m-Turm?" Ich antwortete trocken: „Ja." – Er: „Nein – du bist verrückt!"

Es wurde noch länger über Beweggründe und vor allem über mögliche Verletzungen gesprochen und ob man in meinem Alter noch eine solche Sportart betreiben muss. Diese Meinung vertreten auch einige meiner Freunde und Bekannten naturgemäß nicht zu unrecht. Auch mein Zahnarzt hatte irgendwie mitbekommen, dass ich an Wettkämpfen im Turmspringen teilnehme. Auf meine Feststellung, dass ich in meiner Altersklasse der Einzige in Deutschland sei, meinte er lachend: „Das will ich schon glauben, aber was sagt denn ihre Frau dazu?" Ich gab ihm zu verstehen, dass sie nicht so sehr begeistert sei, da das Verletzungsrisiko besonders bei Sprüngen vom 10-m-Turm erheblich ist. Aber ich helfe ihr bei ihrer Lieblingsbeschäftigung im Garten und sie unterstützt mich beim Sport.

Nahezu jeder Sportler und besonders jeder Leistungssportler hat sich schon einmal verletzt. Wenn das in einem Wettkampf passiert, ist es besonders bitter. So schlug der legendäre Greg Louganis (USA) während eines 3-m-Brett-Sprunges bei den Olympischen Spielen in Seoul 1988 mit dem Kopf auf das Brett. Nachdem der Hinterkopf genäht wurde, gewann er sogar noch das Finale. Bei den Olympischen Spielen 2012 in London verletzte sich der damals 20-Jährige Martin Wolfram aus Deutschland schwer. Beim Eintauchen nach einem scheinbar gelungenen viereinhalbfachen Salto war die rechte Schulter ausgekugelt. Das zeigt, welche enormen Kräfte wirken. Die Betreuer renkten ihm die Schulter wieder ein. Unter Schmerzen setzte auch er den Wettkampf fort. Doch die Verletzung war schwerer und er musste lange pausieren.

Ich habe mich noch nie ernsthaft verletzt. Beim Einüben eines neuen Sprunges vom 3-m-Brett kam es schon zu einigen „Rückenklatschern", die leicht schmerzten und zu einer kurzzeitigen Rötung des Rückens führten. Von der 10-m-Plattform ist mir zum Glück kein Sprung völlig misslungen. Allerdings war ich bei einem Sprung nicht vollkommen konzentriert, hatte die Arme beim fußwärts Eintauchen aus 10 m Höhe zwar dicht am Körper, aber die linke Hand etwas locker abgespreizt. Das verursachte eine Prellung im Handgelenk und schmerzte wochenlang.

Die WM 2017 in Budapest

Mit 74 Jahren erlebte ich den Höhepunkt meiner späten sportlichen „Karriere". Zunächst nahm ich an der Veranstaltung „Sprung meines Lebens" im Nordbad in Halle teil. Ich fragte einfach den Moderator Andreas Wels kurz vor der Veranstaltung, ob er mir, dem ältesten Aktiven der Wasserspringer des SV Halle e. V., einen Sprung in seiner Show ermögliche. „Ja", antwortete er, „hast du eine Badehose an? Dann springst du als Letzter nach den Springern des Vereins und vor dem Trainer."

Vor etwa 4 000 Zuschauern machte ich meinen Handstandsprung vom 10-m-Turm. Über meine Courage war ich anschließend selbst erstaunt. Aber ich plante ja später ein Buch zu verkaufen. Dafür kann eine gewisse „Öffentlichkeitsarbeit" nicht schaden.

Bei den Deutschen Meisterschaften 2017 in Aachen wollte ich mich dann erstmals im Springen vom 1-m-Brett versuchen. Großzügig gestaltete der Cheftrainer der Wasserspringer des SV Halle zuvor sogar eine Privattrainingseinheit im Brettspringen mit mir. Doch er merkte genau wie ich, dass man aus einem Hobbyspringer, der über 70 Jahre alt ist, keinen Kunstspringer mehr machen kann. Die Technik eines hohen Sprungschrittes als Auftakt für den Absprung vom Brett lernt man einfach nicht von heute auf morgen. Besondere Schwierigkeiten bereitete mir auch für einen hohen Rückwärtssprung der Rhythmus beim Anschwingen im Stand. Trotzdem startete ich neben dem Turmspringen zum ersten Mal vom 1-m-Brett.

Bei der Vorbereitung wurde mir klar, dass der Absprung beim Turmspringen, wo man stets von einer festen Unterlage springt, wesentlich leichter ist als vom Brett. Vom 3-m-Brett wollte ich aber einen Wettkampf in dieser Disziplin noch nicht wagen. Im Kunstspringen vom 1-m-Brett sind in meiner Altersklasse 5 Sprünge erforderlich. Im Einzelnen plante ich 4 Vorwärtssprünge und einen Rückwärtssprung. Bei den Vorwärtssprüngen ergibt sich bei einer Steigerung um je eine halbe Drehung bei jedem folgenden Sprung diese Sprungreihe: Kopfsprung, Salto, 1½ Salto und Doppelsalto. Der Salto vorwärts erfolgte gestreckt. Die übrigen Sprünge wurden gehockt ausgeführt. Der letzte Sprung war ein Salto rückwärts gehockt.

Beim Einspringen stellte ich fest, dass die Sprunghöhe für einen Doppelsalto absolut nicht ausreichend sei. Ich änderte den Sprung. Ich führte dafür einen Kopfsprung gehechtet aus. Vom Turm sprang ich die gleichen 4 Sprünge, wie bei den DMM des Vorjahres in Rostock.

Der Weltmeister Sascha Klein führte in Aachen die Siegerehrung durch und überreichte mir die Goldmedaille. Im Alleingang, also kampflos, mehrfacher Deutscher Meister zu werden, war wenig reizvoll und eigentlich nicht mein Ziel. Wenn schon aus dem Doppelsalto nichts wurde, so suchte ich doch noch eine größere Herausforderung

Kurzfristig reifte deshalb der Entschluss, endlich mal gegen Konkurrenz zu springen. Ich hatte mir die Ergebnislisten der Europameisterschaften der Masters im Wasserspringen von 2016 in London im Internet angeschaut und kam auf den Gedanken, eventuell bei den Weltmeisterschaften der Masters im Wasserspringen in Budapest Anfang August 2017 im Turmspringen zu starten. Zuvor hätte ich nie gedacht, dass ich einmal an einer Weltmeisterschaft teilnehmen würde.

Während die meisten Springer in mehreren Wettbewerben starten, z. B. auch vom 1-m- und 3-m-Brett oder im Synchronspringen, kam für mich nur das Turmspringen in Frage. Die Sprünge von einem federndem Brett erfordern wesentlich mehr Übung. Aber für eine Weltmeisterschaft nahm sich der Schwierigkeitsgrad meines bisherigen Sprungprogramms vom Turm doch eher bescheiden aus. Schraubensprünge, auch nur mit einer halben Schraube, haben einen höheren Schwierigkeitsgrad. Ich übte deshalb im Juni beim PSV Dessau den Salto vorwärts mit halber Schraube vom Trampolin in die Schaumstoffgrube. Bei den Klippenspringern wird dieser Sprung als „Barani" bezeichnet und bildet den Abschluss vieler Sprünge, weil man stets fußwärts eintaucht.

Meine Gleichgewichts- und Orientierungsstörungen blockierten offensichtlich beim Training Drehungen um die Körperlängsachse. Denn in der Jugendzeit sprang ich mühelos vom Minitramp den gestreckten Salto vorwärts mit einer halben oder ganzen Schraube. So musste ich diesen Sprung für mein Vorhaben streichen.

Gemeinsam mit meinem Sohn bewältigte ich dann per Internet Ende Juni die Registrierung für den Wettkampf im Turmspringen in der Altersklasse 70 (70-74 Jahre) bei den „17th FINA World Masters Championships 2017 – Budapest (HUN)". Für die Akkreditierung überwies ich 65 $. Jeder Start kostete 18 $.

Im Internet wurden danach die Meldeergebnisse veröffentlicht. Fast 300 Wasserspringer aus 25 Nationen hatten ihre Meldung abgegeben. Neben Hobbysportlern waren auch viele ehemalige Leistungssportler und Olympiateilnehmer vertreten. Die Teilnehmer verteilten sich bei den Frauen und Männern auf je 13 Altersklassen von der AK 25 bis AK 85+. Waren in den mittleren Jahrgängen 30 und mehr Teilnehmer gemeldet, so nahm die Beteiligung mit zunehmenden Alter deutlich ab. In der AK 70, in welcher ich startete, waren 8 Teilnehmer gemeldet. In der AK 75 gab es nur 4 und in den Altersklassen 80 und 85+ sogar jeweils nur einen Teilnehmer.

Mein Sohn, der ein Jahr zuvor mit seiner Frau meinen Wettkampf in Rostock mitverfolgt hatte, räumte mir bei dem gemeldeten Teilnehmerfeld keine Chance auf einen vorderen Platz ein. Ich sah meine mögliche Platzierung ebenso. Immerhin würden drei US-Amerikaner und je ein Engländer, Italiener, Türke und ein Litauer mit mir um Medaillen kämpfen. Ich wollte nur nicht Letzter werden.

Kopfzerbrechen bereite mir die Tatsache, dass ich nicht genügend Informationen über den Ablauf einer WM hatte. So wurde z. B. bei der Meldung nicht das Eintragen der Sprung-Nummern gefordert. Ich wusste nicht, wann ich die einzelnen Sprünge melden musste.

So bastelte ich immer noch an einem neuen Sprung mit einem höheren Schwierigkeitsgrad. Kurzfristig bestand nur die eine Möglichkeit, einen Sprung, den ich von der 5-m-Plattform bereits beherrschte, aus einer größeren Höhe auszuführen. Mitte Juli, knapp 4 Wochen vor meinem Wettkampf, sprang ich zum ersten Mal einen gestreckten Salto rückwärts zunächst von der 7,5-m-Plattform und dann aus 10 m Höhe im Nordbad in Halle. Noch nie zuvor in meinem Leben hatte ich jemals eine ganze Umdrehung von dieser Höhe ausgeführt.

Die Schwierigkeit für mich bestand darin, die Angst zu überwinden, sehr langsam zu drehen und die Körperspannung bis zum Eintauchen zu halten. Da auch der zweite Sprung gelang, übte ich diesen in den folgenden zwei Wochen, aber nur je zweimal. Den Salto rückwärts gehockt sprang ich von der 7,5-m-Plattform, wagte ihn aber nicht aus 10 m Höhe.

Am 6. August startete ich dann gemeinsam mit meiner Frau mit dem PKW nach Ungarn zu den Weltmeisterschaften. Es begann eines der größten Abenteuer in unserem Rentnerleben. Wir verbanden die WM mit einigen Urlaubstagen und bezogen deshalb Quartier in Szekesfehervar auf halber Strecke zwischen Budapest und dem Balaton.

Am folgenden Montag, dem ersten Wettkampftag, fuhren wir nach Budapest, am Ostufer der Donau entlang, vorbei am 268 m langen Parlament und nahmen die erst vor wenigen Jahren erbaute moderne Duna-Arena direkt an der Donau in Augenschein. Ich holte meine bereitliegende Akkreditierungskarte vom Akkreditierungszentrum ab. Mit dieser kam ich über den Haupteingang in den Empfangs- und Informationsbereich der Sportler. Ich informierte mich über Trainings- und Wettkampfzeiten und machte mit dem Handy einige

Aufnahmen von diesen Übersichten und vom Lageplan der verschiedensten Bereiche der Wettkampfstätte, damit ich mich zurecht fand. In dem fast 200 m langem Gebäude kommt man zunächst an dem 50-m-Aufwärmbecken der Schwimmer vorbei und erreicht dann die gewaltige Wettkampfarena mit 12 900 Sitzplätzen. Sprungbecken und 50-m-Schwimmbecken liegen hintereinander. An den Stirnseiten befinden sich in nahezu 100 m Entfernung große Anzeigetafeln. Die Wettkämpfe vom 1-m-Brett der Frauen und die vom 3-m-Brett der Männer waren bereits in vollem Gange. Der Leiter der deutschen Delegation, Jürgen, konnte mit mir endlich über bereitstehende Computer in einem Nebenraum die Sprungnummern für das Turmspringen am 5. Wettkampftag, am Freitag, eingeben. Nun war ich erleichtert.

Meine Frau benötigte als Zuschauer keine Akkreditierung und kam über einen Nebeneingang nach Sicherheitskontrollen zu den Zuschauerrängen. Athleten- und Zuschauerbereich waren voneinander getrennt. Ich hatte keinen direkten Kontakt zu meiner Frau. Bei den wenigen Zuschauern kam sie sich etwas verloren vor.

Wir hatten auch nicht geplant, den ganzen Tag die Wettkämpfe zu verfolgen. Schließlich ist Budapest die einzige europäische Hauptstadt, die auch als Kurort anerkannt ist. Wir besuchten die Margareteninsel mit ihrem sehr schönen Park mit viel Grün zur Erholung, mit einem kleinen Wasserfall, einem Musikbrunnen und Wasserturm, mit Wegen für Jogger und einem Freibad, in welchem u. a. die Wettkämpfe der Wasserballer stattfanden. Danach erkundeten wir das Zentrum. Wir suchten einen schattigen Parkplatz für unseren PKW, denn das Thermometer zeigte immerhin mehr als 30 Grad an.

Am Dienstag machten wir Badeurlaub in Siofok am Balaton und für den Mittwoch war noch einmal ein Bummel durch Budapest, verbunden mit einer Trainingseinheit für mich in der Duna-Arena, geplant. Aber wie oft vor großen Auftritten in meinem Leben, z. B. vor Prüfungen, bekam ich einige Tage zuvor plötzlich Bauch- oder Ohrenschmerzen. Ich hatte diesmal Zahnschmerzen. So konnte ich nicht trainieren. Wir waren am Mittwoch nicht in Budapest, sondern auf der Suche nach einem Zahnarzt. Einige Ärzte hatten Urlaub. Ein Zahnarzt führte gerade mehrere Operationen durch und wir hätten sehr lange warten müssen. Endlich fanden wir eine junge Zahnärztin, die eine gründliche Untersuchung vornahm. Die Röntgenaufnahme zeigte zum Glück nichts Bedrohliches. Wir blieben den ganzen Tag in Szekesfehervar. Trotz der Einnahme von Medikamenten war am folgenden Morgen meine Wange jedoch dermaßen geschwollen, dass ich nicht wiederzuerkennen war. Schlimmer noch, kein Arzt der Welt hätte mir in diesem Zustand erlaubt, am nächsten Tag von einem 10-m-Turm zu springen. So verbrachten wir den Tag wieder in Szekesfehervar in einem schönen Park in der Nähe eines Springbrunnens und ich kühlte, sitzend oder liegend auf einer schattigen Parkbank meine geschwollene Wange.

Der Familie unseres Sohnes schickten wir eine WhatsApp-Nachricht mit einem Bild, auf welchem ich schlimmer aussah als Quasimodo und der Mitteilung, dass aus einem Start bei der WM höchstwahrscheinlich nichts werden würde.

Im Hotelzimmer kühlte ich dann die folgende ganze Nacht meine Wange. Ich schlief nur etwa zwei Stunden. Doch die Medikamente hatten gewirkt und mein unablässiges Kühlen zeigte Erfolg. Mein Gesicht war am Morgen fast wieder normal. Also fuhren wir nach Budapest. Es war allerdings noch nicht klar, ob ich um 14.35 Uhr am Wettkampf teilnehmen könnte, oder ob ich gemeinsam mit meiner Frau nur als Zuschauer die Wettkämpfe verfolgen würde.

Meiner Frau wollte ich nicht wieder zumuten, falls ich doch am Wettkampf teilnehmen könnte, allein die Zeit auf den Zuschauerrängen zu verbringen. Ich hatte eine Idee, wie es vielleicht möglich wäre, sie auch durch den Athleteneingang mitzunehmen. Vater des Gedankens war eine Begebenheit während der Weltmeisterschaften der Turner vor vielen Jahren in Moskau. Mein Turnfreund Erhard König besaß für eine Veranstaltung keine Karte. Er ließ sich von einem Aktiven eine Trainingsjacke geben und marschierte mit der Riege in die

Halle. Bei den heutigen Sicherheitsvorkehrungen wäre das sicher nicht mehr möglich. Aber vielleicht würde uns ein ähnlicher Trick gelingen. Ich hatte zwei DSV-T-Shirts der Masters im Gepäck. Neben dem offiziellen T-Shirt mit der Rückenaufschrift „GERMANY", das bereits bei den Deutschen Meisterschaften in Aachen ausgegeben wurde und alle deutschen Teilnehmer bei der WM trugen, hatte ich ein Jahr zuvor für die Wettkämpfe in Rostock ein T-Shirt mit der Aufschrift „DEUTSCHLAND" erworben. Dieses T-Shirt zog meine Frau an. Mit dem Hinweis, dass sie mein Coach sei, kamen wir beide in den Athletenbereich. Im Aushang schaute ich mir die Startlisten für den 5. Wettkampftag an. Ich war überrascht, dass in meiner Altersklasse zwei Sportler gestrichen waren. Von den 14 gemeldeten Startern in meinem Wettkampfabschnitt mit allen Teilnehmern ab 70 Jahren würden also nur 12 Wettkämpfer vom Turm springen. Somit war die Teilnehmerzahl in meiner Altersklasse von acht auf sechs geschrumpft. Im Umkleideraum erfuhr ich, dass die Sportler mit den Plätzen 4, 5 und 6 auch Medaillen, sogenannte „Erinnerungsmedaillen" erhalten. Damit hätte ich ja bei einem Start schon eine Medaille sicher, selbst wenn ich Letzter in meiner Altersklasse werden würde. Das stimmte mich optimistisch.

Nach zwei Nächten mit wenig Schlaf war ich etwas matt. Ich fühlte mich dennoch gut, denn ich hatte keine Schmerzen. Ich wollte die Mittagspause für ein Probetraining nutzen und dann eine Entscheidung treffen. Sollte beim tiefen Eintauchen ein Druck im Kopf verbunden mit einem leichten Schmerz auftreten, wie ich es vor Monaten empfand, als ich etwas erkältet war, würde ich mich sofort beim Hauptkampfrichter abmelden.

Um 12.30 Uhr machte ich meinen ersten Probesprung zunächst vom 1-m-Brett und dann einige Sprünge aus 3 und 5 m Höhe, wobei ich nahezu den Beckengrund in 5 m Tiefe erreichte. Es zeigten sich keine Beeinträchtigungen. Den Handstand versuchte ich dann auf der 7,5-m-Plattform. Etwas kraftlos musste ich allerdings zweimal anschwingen, was im Wettkampf zwei Punkte Abzug bedeutet hätte. Das war ein wichtiger Fingerzeig, um im später auf dem 10-m-Turm genügend Schwung zu nehmen. Auf einen Sprung vom „Zehner" habe ich jedoch beim Vorbereitungstraining aus Angst vor einer Verletzung verzichtet. Außerdem musste ich Kräfte sparen, denn ich wollte in knapp zwei Stunden den Wettkampf in Angriff nehmen. Im kleinen runden Aufwärmbecken hinter dem Sprungturm nahm ich noch ein ausgedehntes Bad, um etwas zu entspannen und mich für den Wettkampf im wahrsten Sinne des Wortes zu erwärmen. Meine Frau saß inmitten der Wettkampfteilnehmer, fungierte als Betreuer und Fotograf und verpflegte mich mit Obst, Broten und Getränken. Kurz vor Wettkampfbeginn sorgte der heruntergefallene Fotoapparat bei ihr für etwas Stress. Der Apparat war defekt. So wurden Aufnahmen mit dem Handy gemacht.

Um 14.30 Uhr zeigte die Anzeigetafel das Teilnehmerfeld für den 55. Durchgang an. Im 12-köpfigen Starterfeld stand mein Name an dritter Stelle. Die Teilnehmer versammelten sich an der Treppe hinter dem Sprungturm. Den Anfang machte der Litauer Karpavicius (ebenfalls Jahrgang 1943). Er stieg auf die 5-m-Plattform und wartete auf das Zeichen des Beginns, das Heben einer weißen Fahne des Hauptkampfrichters. Niemand durfte gleichzeitig auf der Plattform sein. Alle übrigen Springer befanden sich unterhalb der Plattform oder auf der Treppe. Unmittelbar vor mir sprang der Amerikaner Holt (Jahrgang 1946).

Ich betrat danach den hinteren Teil der Plattform, nahm Blickkontakt zum Hauptkampfrichter auf und wartete das Heben der weißen Fahne ab. Ohne die geringste Aufregung ging ich betont aufrecht und selbstbewusst vor, nahm Aufstellung mit geschlossenen Beinen an der Plattformkante, hob die Arme gestreckt zur Seithalte und konzentrierte mich einen Augenblick.

Dann führte ich die Arme zur Hochhalte, beugte etwas die Knie und sprang nach vorn oben ab, wobei beide Arme kräftig nach vorn unten schwingend während des Beugens im Hüftgelenk die gestreckten Beine an den Unterschenkeln erfassten. Nach etwa 1 ¼ Drehung des Körpers um die Breitenachse streckte ich den Körper, führte die Arme in Verlängerung des Körpers in Richtung Wasseroberfläche und tauchte kopfwärts ein. Das Öffnen und Eintauchen erfolgte blind, da ich infolge meines Handicaps, meiner verzögerten Wahrnehmung bei schnellen Drehungen, nicht die Wasseroberfläche sah. Beim Eintauchen hatte ich das Gefühl, dass ich meinen 1½ Salto vorwärts gehechtet einigermaßen gut vollendet hatte. Nach dem Auftauchen sah ich auf der Anzeigetafel gegenüber als erste der fünf Noten eine 6,5. Mit den weiteren vier Noten um den Wert 5,5 war ich sehr zufrieden, denn das war das Urteil eines internationalen Kampfgerichtes. Nach dem 1. Durchgang befand ich mich auf Platz 5 aller 12 Teilnehmer dieses Durchganges.

Bereits als zweiten Sprung hatte ich den Handstand auf der 10-m-Plattform gewählt. Vielleicht konnte ich damit die Kampfrichter beeindrucken, denn ich war der Einzige der 12 Springer, der einen Handstand in dieser Höhe wagte. Außerdem hatte ich für den halben Auerbach gehockt aus dem Handstand in Deutschland als letzten Sprung immer die besten Wertungen erhalten. Das Schwingen in den flüchtigen Handstand klappte. Da ich die schwierigere Sprungausführung „gehechtet" gewählt hatte, musste ich mich aber kräftiger mit den Armen abdrücken und nach dem Beugen der Hüfte schnell wieder strecken. Ich war aber nicht im vollen Besitz meiner Kräfte, streckte mich nicht explosiv genug, geriet in Rücklage und landete fast auf dem Gesäß. Einen Schmerz verspürte ich nicht. Es gab zwar von den Zuschauern auch Beifall, dieser war aber mit Sicherheit in die Kategorie „Höflichkeitsapplaus" einzuordnen. Die Noten: 2,5 und viermal eine 3,0 waren das Ergebnis. Zum Hohn meinte ein mir unbekannter Wasserspringer, dass dieser Sprung eine gute „Ar...spülung" gewesen sei! Zum Lachen war mir jedoch nicht, ich war sehr enttäuscht.

Als der letzte Springer des 2. Durchganges seinen Sprung beendet hatte, suchte ich vergeblich meinen Namen auf der Anzeigetafel unter den ersten Zehn. Da zunächst keine Differenzierung nach Altersklassen erfolgte, tauchte mein Name auf der folgenden Tafel als Zwölfter auf. Somit war ich Letzter des Feldes.

Nach meinem dritten Sprung, einem Salto rückwärts gehockt aus 7,5 m Höhe rückte ich wieder etwas vor, auf Platz 10. Viele Springer tauchten bei schwierigeren Sprüngen ebenfalls schlecht ein. Die Ergebnisse der 12 Springer lagen dadurch relativ dicht beieinander. Nur zwei Amerikaner hatten einen größeren Vorsprung. Beim Springer unmittelbar vor mir gelang der Doppelsalto vorwärts mit halber Schraube gehockt sehr gut.

Mein schwierigster zweiter Sprung von der 10-m-Plattform war meine letzte große Aufgabe. Voller Anspannung stieg ich diesmal hinauf, denn diesen Sprung hatte ich kaum trainiert. Ich führte ihn zum ersten Mal in einem Wettkampf aus und noch dazu bei einer Weltmeisterschaft! Die Zuschauer blendete ich aus, konzentrierte mich auf den Zehenspitzen mit dem Rücken zum Sprungbecken stehend etwas länger. Der gestreckte Salto rückwärts musste nun gelingen. Ich dachte nur daran, möglichst langsam zu drehen und unbedingt bis zum Eintauchen die gestreckte Haltung durch die notwendige Körperspannung zu halten.

Nach einer mittleren Kniebeuge mit nach hinten schwingenden Armen holte ich Schwung für den Absprung. Ich sprang gestreckt rückwärts mit Führen der Armen zur Seithalte ins „Nichts"und sah die Wasseroberfläche erst kurz vor dem Eintauchen, das dennoch ziemlich senkrecht und fußwärts gelang. Beim Auftauchen hörte ich den Applaus und einige Beifallspfiffe. Irgendwer rief: „Schön!" Ein Blick zur Anzeigetafel sagte mir, dass dies mein bester Sprung war. Ich war zwischenzeitlich Dritter, aber es folgten ja noch 7 Springer dieses Durchganges. Ich verschwendete jedoch keinen Gedanken an eine vordere Platzierung. Als alle Springer den letzten Durchgang beendet hatten, erschien auf der Anzeigetafel das Endergebnis. Es wurde zunächst wieder die Reihenfolge aller 12 Springer der vier Altersklassen angezeigt. Meinen Namen sah ich im Mittelfeld auf Platz 6 kurz bevor die Anzeige erlosch.

Als ich zum Sitzplatz meiner Frau vorgehen wollte, kam mir Gerhard (SV Heimstetten) entgegen und sagte: „Du hast

Bronze, herzlichen Glückwunsch!" Ich war äußerst überrascht und wollte das fast nicht glauben. Aber die Anzeigetafel zeigte danach die Platzierung in den einzelnen Altersklassen. Ich hatte eine Medaille errungen!

Geschafft – mit erhobener Faust, der Sieger zollt Beifall.

In meiner Altersklasse siegte mit großem Punktabstand der Amerikaner Nate Holt. Er war drei Jahre jünger als ich und absolvierte die schwierigsten Sprünge ohne einen gravierenden Fehler. Er wurde verdient Weltmeister. Er hatte aber keinen Sprung von der 10-m-Plattform, bewies jedoch, dass man im Alter von mehr als 70 Jahren durchaus noch einen Doppelsalto springen kann.

Sein Landsmann Jim Everroad sprang wie ich zweimal von der obersten Plattform. Er gewann mit großem Punktabstand zum Sieger und auch zu mir die Silbermedaille.

Ich belegte überraschend Platz 3 und war natürlich überglücklich und stolz, dass ich einen amerikanischen Dreifacherfolg verhindert hatte. Denn der Viertplatzierte hatte ein schwierigeres Sprungprogramm. Er konnte aber seinen 2½ Salto vorwärts gehockt nicht senkrecht eintauchen. Somit wurde ich bester Europäer.

Aber ich hatte auch großes Glück, denn die Voraussetzungen waren denkbar ungünstig. Außerdem wäre ich ohne meinen gewagten letzten Sprung sicher nur 4., 5. oder 6. geworden, denn die Punktabstände zu den folgenden Platzierungen waren sehr gering.

So konnte ich die Siegerehrung genießen.

Auf dem Siegerpodest mit zwei US-Amerikanern

Ein glückliches Paar

Die Medaille verdanke ich meiner Frau, den Wasserspringern des SV Halle e. V. sowie den Turnern des PSV 90 Dessau-Anhalt e. V., deren Unterstützung ich bekam.

Anhang

Tabellen

Tabelle 1: Freier Fall

Fallhöhe (m)	Fallzeit (sec)	Fallgeschwindigkeit	
		(m/sec)	(km/h)
0,10	0,14	1,40	5,40
0,20	0,20	1,98	7,13
0,30	0,25	2,43	8,73
0,40	0,29	2,80	10,08
0,50	0,32	3,13	11,27
0,60	0,35	3,43	12,35
0,70	0,38	3,70	13,34
0,80	0,40	3,96	14,25
0,90	0,43	4,20	15,12
1,00	0,45	4,42	15,94
1,50	0,55	5,42	19,52
2,00	0,64	6,26	22,55
2,50	0,71	7,00	25,21
3,00	0,78	7,67	27,61
3,50	0,84	8,28	29,82
4,00	0,90	8,85	31,88
4,50	0,96	9,39	33,82
5,00	1,01	9,90	35,65
6,00	1,11	10,85	39,05
7,00	1,19	11,72	42,18
8,00	1,28	12,53	45,09
9,00	1,35	13,28	47,83
10,0	1,43	14,00	50,41
20,0	2,02	19,80	71,79
30,0	2,49	24,25	87,32

Tabelle 2: Meldeliste der Altersklassen 70 bis 85+ zur WM

Platform Men
Start List

ORD	CODE	SURNAME & NAME	FED BORN CAT DIVE1 DD	DIVE2 DD	TEAM DIVE3 DD	DIVE4 DD

Event 55 - M70-99

REFEREE	MASSENZ Sara	
	PANEL	
JUDGE 1	JUN HAN LIN Jasper	
JUDGE 2	CAMPBELL Vicki	
JUDGE 3	SCHMIDT Wolf-Dieter	
JUDGE 4	KOPONEN Pekka	
JUDGE 5	RICHMOND Emily	

1	141022	KARPAVICIUS Kostas	LTU 1943 70-74	Kaunas Salto Club		
			101A 1.4 5211A 1.8	611A 1.8	103B 1.7	
2	142891	OKTU Ahmet	TUR 1946 70-74	Kecioren Bagtom Spor		
3	142898	HOLT Nate	USA 1946 70-74	Longhorn Aquatics		
			5231D 2.1 403C 2.2	5141B 2.3	5141C 2.2	
4	138298	HALLEY David	GBR 1945 70-74	Manchester Aquatid Centre		
5	145524	MEYER Otmar	GER 1943 70-74	Sv Halle S.		
			103B 1.7 631B 1.9	202C 1.6	202A 1.9	
6	137122	SBISA' Valter	ITA 1945 70-74	Triestina Nuoto		
			201A 1.7 101B 1.5	401B 1.4	202A 1.6	
7	118418	JIM EVERROAD Jim Everroa	USA 1943 70-74	Trisynerg Diving Academy		
			202B 1.8 302B 1.9	5311A 1.9	301A 2.0	
8	138573	McGOWAN Michael	USA 1947 70-74	Usa Masters		
			403C 2.2 5231D 2.0	5132D 2.1	105C 2.2	
9	122162	DEININGER John	LTU 1939 75-79	Kaunas Salto Club		
			103B 1.7 301A 1.8	312C 1.9	5132D 2.1	
10	124285	KUBASTA Ekkehard	AUT 1941 75-79	Sc Diana Wien		
			5111A 2.0 5211A 2.0	105C 2.2	5311A 2.1	
11	137250	AUBER Giuseppe	ITA 1938 75-79	Triestina Nuoto		
			5211A 2.0 202A 1.9	212C 1.8	302C 1.8	
12	139085	ALDERMAN Kim	USA 1940 75-79	Usa Masters		
			101A 1.4 5111A 1.8	5112A 2.0	103B 1.7	
13	148680	WEISBARTH Heinz	GER 1935 80-84	1. Sv Koln		
			103B 1.7 101A 1.6	201B 1.8		
14	143612	SUAREZ SEVILLA Nelson Ef	ECU 1932 85-89	Club Emelec		
			101A 1.4 401B 1.5	202A 1.7		

Tabelle 3: WM-Ergebnisliste der Altersklasse 70

Results Summary

POS	SURNAME & NAME TEAM	FED BORN CAT	H	DIVE	DD	J1	J2	J3	J4	J5	PEN	PART	TOTAL	GAP
	AGE GROUP 70-74													
1	HOLT Nate Longhorn Aquatics	USA 1946 70-74	5.0	5231D	2.1	6.0	6.5	7.0	8.0	6.5		42.00	42.00	
			5.0	403C	2.2	7.0	7.0	6.5	7.5	6.0		45.10	87.10	
			7.5	5141B	2.3	6.5	7.5	8.0	6.0	5.5		46.00	133.10	
			7.5	5141C	2.2	6.0	6.5	6.5	6.0	5.0		40.70	173.80	
2	JIM EVERROAD Jim Everroa Trisynerg Diving Academy	USA 1943 70-74	10.0	202B	1.8	5.5	5.5	7.0	6.5	6.0		32.40	32.40	
			10.0	302B	1.9	6.0	6.0	6.0	6.0	5.5		33.25	65.65	
			5.0	5311A	1.9	6.0	6.5	6.5	6.0	6.0		35.15	100.80	
			7.5	301A	2.0	6.0	6.0	5.5	6.0	6.0		36.00	136.80	37.00
3	MEYER Otmar Sv Halle S.	GER 1943 70-74	5.0	103B	1.7	8.5	6.0	5.0	5.5	5.0		26.05	26.05	
			10.0	631B	1.9	2.5	3.0	3.0	3.0	3.0		17.10	45.15	
			7.5	202C	1.6	6.0	5.5	5.0	6.0	5.0		26.40	71.55	
			10.0	202A	1.9	5.5	5.5	6.0	6.0	5.0		32.30	103.85	69.95
4	McGOWAN Michael Usa Masters	USA 1947 70-74	5.0	403C	2.2	4.5	4.5	4.0	5.0	4.0		28.60	28.60	
			7.5	5231D	2.0	4.0	5.0	4.5	5.0	5.0		29.00	57.60	
			7.5	5132D	2.1	3.0	4.0	3.5	4.5	2.0		22.05	79.65	
			7.5	105C	2.2	1.5	3.0	3.0	3.5	3.5		20.90	100.55	73.25
5	KARPAVICIUS Kostas Kaunas Salto Club	LTU 1943 70-74	5.0	101A	1.4	6.5	5.5	6.5	7.0	6.5		27.30	27.30	
			5.0	5211A	1.8	4.5	4.5	4.5	5.0	5.0		25.20	52.50	
			5.0	611A	1.8	6.0	4.5	5.0	4.5	6.0		27.90	80.40	
			5.0	103B	1.7	3.5	3.5	3.5	3.5	4.5		17.85	98.25	75.55
6	SBISA' Valter Triestina Nuoto	ITA 1945 70-74	5.0	201A	1.7	5.0	5.0	6.0	5.0	5.0		25.50	25.50	
			7.5	101B	1.5	5.0	5.5	5.0	5.0	5.0		22.50	48.00	
			7.5	401B	1.4	5.0	5.0	4.5	5.5	4.5		20.30	68.30	
			7.5	202A	1.8	5.5	6.0	4.5	6.0	4.0		28.90	97.19	76.70

211

Bildnachweis

Autorenfoto auf der Buchrückseite:	Karin Böckelmann
Fotos Seite 60:	Margit Trübe
Foto Seite 70:	Hartmut Lehmann
Alle übrigen Fotos:	Privatarchiv